家国情怀 3

JIAGUO QINGHUAI

主编 任建欣

U0918094

上海教育出版社
SHANGHAI EDUCATIONAL PUBLISHING HOUSE

编 委 会

亲爱的同学，当你打开这本书时，你就开启了一段惬意的旅程。从相遇、相知，到相伴前行，淡淡的书香将一直萦绕在你身边。

初中阶段，你已经读过许多名篇佳作，在充满智慧和温情的文字浸润中，语文素养自然会得到提升。但面对神秘奇幻的自然、日新月异的社会、渐趋丰盈的人生，仅仅是课堂上阅读的文章，恐怕很难再满足你的需求，你的阅读理应更广泛、更专业。如何让课内外读物有机融合成滋养你成长的沃土？如何让点滴的阅读收获汇聚成助推你遨游书海的动力？为此，我们邀请了全国各地的名师，精选文章，为你搭建大量阅读、高效阅读的平台。

于是，便有了摆在你面前的这本书。

这本书分为经典诵读、主题阅读、整本书阅读三个板块。

第一个板块是“经典诵读”，所选古诗词都具有经典阅读价值。针对诗词中可能会给你造成阅读障碍的生字难词，我们增加了读音和注释，且辅以专业诵读音频和鉴赏资料供你随时赏听或查阅。你可以利用每天的晨读或其他课余时间反复诵读，只要持之以恒地阅读，假以时日，定能厚积薄发。

第二个板块是“主题阅读”，我们精心挑选了几组文章，聚焦主题，帮助你进行专题探究。其中，“范文阅读”有批注和学习提示，方便你边阅读边思考，掌握这一类文章的阅读方法，并能进行拓展运用。“组文阅读”有单元学习任务，帮助你对一组文章进行整合阅读、比较鉴赏，从碎片化到结构化，在阅读中积累语言、拓展思维，提升核心素养。带有“自由阅读”标签的文章，你可以根据自己的需要、兴趣自主选择阅读，多读、少读，深读、浅读皆可，如能养成边读边做批注的习惯，你会收获更多。带有“类文阅读”标签的是一组与写作要求相匹配的文章，旨在提供写作思路，激发你的创作灵感。这组文章的首篇附有旁批，为你的写作实践提供技巧点拨。

“整本书阅读”设计了“阅读导航”“精彩选篇”“阅读规划”“交流平台”等助读工具，旨在激发你的阅读兴趣，帮助你掌握科学的阅读方法，从而有计划地开展整本书阅读。

愿这本书伴随你度过阅读的美好时光，与经典交流，与大师对话，帮助你积累知识，开阔视野，提升素养，成为睿智优雅、阳光自信的中国好少年！

顾之川

经典诵读

第一单元　童年印象

范文阅读

组文阅读

第二单元 人生微澜

范文阅读

组文阅读

第三单元　岁月艰辛

自由阅读

第四单元　以事寓理

范文阅读

组文阅读

第五单元 抓住细节

类文阅读

整本书阅读

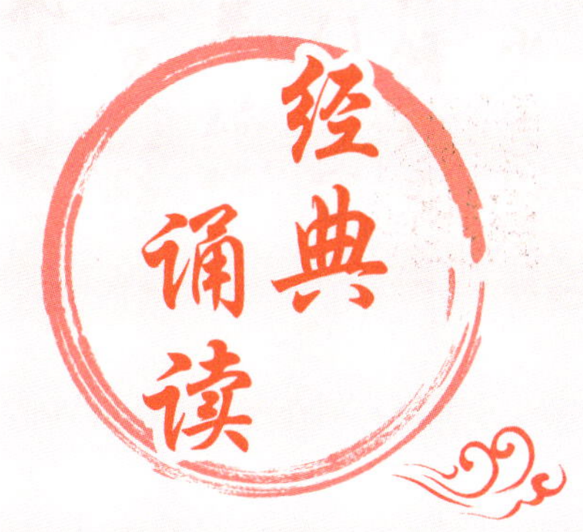

踏一条平平仄仄的幽径，咏一阕抑扬顿挫的辞章，让心灵开始一次雅韵悠长的旅程。从《诗经》到宋词，从田园到边塞，从婉约到豪放，从现实主义到浪漫主义……那些或率真质朴、或清幽缠绵、或慷慨刚健、或隽永蕴藉的诗句，寄托了中华儿女的家国情怀，传承着博大精深的中华文明。

有了诗词的濡染，我们的语文学习自当渐入佳境；有了经典的浸润，我们的语文生活定会异彩纷呈。

扫码收听朗诵音频

1. 戏为六绝句（其一）

⊙〔唐〕杜甫

庾信[①]文章老更成[②]，凌云健笔[③]意纵横[④]。
今人嗤点[⑤]流传赋[⑥]，不觉前贤畏后生[⑦]。

① 庾信：字子山，南阳新野（今属河南）人，北周文学家。

② 老更成：到老年创作更成熟。庾信入北周后，诗风从绮丽清新转变为悲壮苍凉。

③ 凌云健笔：比喻笔力雄健，气势凌云。

④ 意纵横：思维敏捷，气势奔放。

⑤ 嗤（chī）点：讥笑指摘。

⑥ 赋：指庾信的作品。

⑦ 不觉前贤畏后生：语出《论语·子罕》："后生可畏，焉知来者之不如今也。"杜甫这里是用以作反面文章。这句话的意思是说，庾信这类前代的优秀作家自有其成就，杜甫并不觉得他们会畏惧后生。

本诗为肃宗上元二年（761）诗人住在成都草堂时所作。这组绝句开我国以诗论诗之先河。以诗论诗，最常见的形式是论诗组句。每首可谈一个问题，许多首连缀成组诗，又可见出完整的艺术见解。此诗乃针对当时诗坛所存在的弊端而发，题作“戏为”，其实态度是极其严肃认真的，它比较系统地表达了诗人的文学思想，在我国诗歌理论遗产中颇具影响。

《戏为六绝句》前三首评论作家，后三首揭示论诗宗旨。其精神前后贯通，互相联系，是一个不可分割的整体。《戏为六绝句》第一首论庾信。杜甫在《春日忆李白》里曾说，“清新庾开府”。此诗中指出庾信后期文章（兼指诗、赋），风格更加成熟：“庾信文章老更成，凌云健笔意纵横。”健笔凌云，纵横开阖，不仅以“清新”见长。唐代的“今人”，指手画脚，嗤笑指点庾信，足以说明他们的无知。因而“前贤畏后生”，也只是讽刺的反话罢了。

扫码收听朗诵音频

2. 月下独酌四首（其一）

⊙〔唐〕李白

花间一壶酒，独酌无相亲[①]。
举杯邀[②]明月，对影成三人。
月既不解饮[③]，影徒[④]随我身。
暂伴月将[⑤]影，行乐须及春。
我歌月徘徊[⑥]，我舞影零乱。
醒时同交欢[⑦]，醉后各分散。
永结无情游[⑧]，相期邈云汉[⑨]。

---

① 无相亲：没有亲朋、知音的陪伴。

② 邀：请。

③ 解饮：懂得饮酒的乐趣。

④ 徒：白白地，徒然。

⑤ 将：与，和。

⑥ 月徘徊：月光流连不去。

⑦ 同交欢：一起欢娱。

⑧ 无情游：忘情地游乐。

⑨ 云汉：天河，此处指天上仙境。

诗人独自在月下饮酒，孤寂之极，忽然生出邀明月、影为伴之奇想，并且还在幻想中与它们歌舞同乐，交欢尽醉。其想象力之丰富，感情之豪放，确实堪称千古一人。前人指出，这是李白“拟陶（渊明）之作”。陶渊明之好酒、率真、孤傲与李白同，他在《饮酒》诗的序文中就有“顾影独尽，忽焉复醉”之语，在《杂诗》中又有“欲言无予和，挥杯劝孤影”之句，把影子作为孤独寂寞时的酒伴。陶渊明甚至创作了寓言体诗《形影神》三首，假设“形”“影”问答，其中“形”也劝“影”“得酒莫苟辞”，亦即要及时行乐。李白此诗正是从陶诗而来，但又在“对影”之外，举杯邀月，化成三人同饮共舞的欢乐场面，真是青出于蓝，擅千古之奇趣。

全诗一叹一解，若远若近，开开阖阖，看似极无情，实则极有情。诗人是以“无情游”衬托世间之“无相亲”，以“三人”之“交欢”衬托“独酌”之寂寞。孙洙《唐诗三百首》评曰：“题本独酌，诗偏幻出三人，月影伴说，反复推勘，愈形其独。”正道出了李白世无知音、借酒浇愁的苦闷之情。

扫码收听朗诵音频

3. 登岳阳楼[①]

⊙〔唐〕杜甫

昔闻洞庭水，今上岳阳楼。
吴楚东南坼[②]，乾坤[③]日夜浮。
亲朋无一字[④]，老病[⑤]有孤舟[⑥]。
戎马关山北，凭轩[⑦]涕泗流。

---

① 岳阳楼：湖南省岳阳市西门城楼，下临洞庭湖。

② 坼（chè）：裂开，分开。这里是说吴楚二地被洞庭湖分割开。

③ 乾坤：指日月。

④ 无一字：没有一点消息。字，指书信。

⑤ 老病：杜甫此时五十七岁，身患多种疾病。

⑥ 孤舟：杜甫携家乘船出蜀，一路漂泊。

⑦ 凭轩：倚着栏杆。

本诗为诗人在代宗大历三年（768）冬天时所作。这首诗，以其意境的开阔宏丽为人称道，而这意境是从诗人的抱负中来，是从诗人的生活思想中来，也有时代背景的作用。颔联说天地日月都好像飘浮在湖上。洞庭湖水势浩大，日月似出没其间。郦道元《水经注·湘水》有云："洞庭湖水，广圆五百余里，日月若出没于其中。"尾联意谓北方战乱尚未停息。眼望着万里关山，天下到处还动荡在兵荒马乱里，诗人倚着栏杆，北望长安，不禁涕泗滂沱，声泪俱下。

清初黄生《杜诗说》对这首诗有一段议论，大意说：这首诗的前四句写景，写得那么宽阔广大，五、六两句叙述自己的身世，又是写得那么凄凉落寞，诗的意境由广阔到狭窄，忽然来了一个极大的转变，这样，七、八两句就很难安排了。哪想到诗人忽然把笔力一转，写出"戎马关山北"五个字，这样的胸襟，和上面"吴楚东南坼，乾坤日夜浮"一联写自然界宏奇伟丽的气象，就能够很好地上下衬托起来。

4. 羌村三首（其一）①

⊙〔唐〕杜甫

峥嵘② 赤云西，日脚③ 下平地。
柴门鸟雀噪，归客千里至。
妻孥④ 怪⑤ 我在，惊定还⑥ 拭⑦ 泪。
世乱遭飘荡，生还偶然遂⑧。
邻人满墙头，感叹亦歔欷⑨。
夜阑⑩ 更秉烛，相对如梦寐。

---

① 唐肃宗至德二载（757）杜甫为左拾遗时，房琯被罢相，他上书援救，触怒肃宗，被放还回鄜州羌村（今陕西省富县南）探家。《羌村三首》就是这次还家所作。此诗为第一首。

② 峥嵘：原指山势高峻，这里形容天空中重叠的云层。

③ 日脚：指从云缝里射到地面的太阳光线。

④ 妻孥（nú）：妻子儿女，这里特指妻子。

⑤ 怪：与下句的“惊”同义。

⑥ 还：又，接着。

⑦ 拭：擦。

⑧ 遂：成功，顺遂。

⑨ 歔欷（xū xī）：叹息，哽咽。

⑩ 夜阑：夜将尽。

此诗写了诗人在战乱频仍的岁月久别还家的悲喜情景。前四句以写景为主，在景中融入了诗人久别进家门的兴奋、如释重负之感。第一句写诗人在夕阳西下时抵达羌村，迎接落日的是满天峥嵘万状、重峦叠嶂似的赤云。第二句颇有拟人色彩，似乎太阳经过一天奔劳，也急于跨入地底休息。而此时诗人恰巧也结束漫长行程，到家了。第三句抓住了具有特征性的乡村黄昏景色，门前鸟雀们喧叫声一浪高过一浪，但“鸟雀噪”一句也反衬出那年月村落的萧索荒芜。后八句写初见家人、邻人时悲喜交集之状。这里没有任何繁缛沉闷的叙述，而简洁地用了三个画面来再现。首先是与妻子见面。在那兵荒马乱的年月，人命危浅，朝不保夕，亲人突然出现在面前，真叫妻子不敢相信，不敢相认，乃至发愣。亲人相见吃惊、高兴、落泪，一系列反常的情态，曲折反映出那个非常时代的影子，刻画了患难余生之人的心理。其次是邻里的围观。诗人归来，引来若干邻人，他们凭墙相望，为诗人一家幸福而又辛酸的场面所触动，流泪慨叹。围观者并非无动于衷地观看，而是人人都进入角色，“感叹亦歔欷”。是对之羡慕？为之辛酸？还是勾起自家的伤痛？短短数语，多么富于人情味，又多么含蓄蕴藉。其三是一家子秉烛对坐的情景。夜深了，最初的激动也该过去了，可诗人一家还沉浸在兴奋的余情之中。“宜睡而复秉烛，以见久客喜归之意。”（宋陆游《老学庵笔记》卷六）这个画面即成为首章摇曳生姿的结尾。

扫码收听朗诵音频

5. 生查子[①]

⊙〔宋〕欧阳修

去年元夜[②]时，花市[③]灯如昼。月上柳梢头，人约黄昏后。
今年元夜时，月与灯依旧。不见去年人[④]，泪湿[⑤]春衫袖。

赏析

词的内容非常明确，是写男女爱情生活的。上下阕句式完全一样，环境背景一样，但人事却截然不同。同是元宵夜，同是月圆灯亮，热闹非常，但去年高高兴兴地与心爱的人如约相会，而今年却是一人独行，不见了去年的恋人，伤心的泪水湿透了衫袖。风景依旧，人事全非，这种强烈对比的情感以通俗流畅的民歌式的“生查子”表达出来，真切、自然、明快，诵读起来别有风味。其中“月上柳梢头，人约黄昏后”两句，勾画出一个合宜的男女约会境界，千余年来，一直为人所品味、所传诵。

---

① 此词作者，一作朱淑真，一作秦观。但南宋初曾慥所编《乐府雅词》作欧阳修，当较为可信。

② 元夜：旧历正月十五日夜为元宵夜，也叫灯节。

③ 花市：这里指元宵夜的花灯盛会。

④ 去年人：这里的“人”指约会的心爱之人。

⑤ 湿：一作“满”。

扫码收听朗诵音频

6. 浣溪沙

⊙〔宋〕秦观

漠漠[①]轻寒上小楼，晓阴无赖似穷秋[②]。淡烟流水[③]画屏幽。
自在飞花轻似梦，无边丝雨细如愁。宝帘[④]闲挂小银钩。

这首词曾被誉为《淮海词》（秦观词集）中小令的压卷之作。

词作描绘了一个女子在春阴的怀抱里所生发的点点哀愁和淡淡寂寞。上阕写阴冷的春天早晨，独上小楼，空房内画屏竖立，画面格外清幽。下阕所写眼前景物，待慢慢挂起窗帘，观落花轻飘，细雨蒙蒙，触目伤情。作者用“轻描淡写”的笔法，融情入景，明写景，实写人的愁怨，其构思之精巧，意境之优美，犹如一件精致小巧的艺术品。全词意境怅静悠闲，色调轻浅幽渺，含蓄有味。

① 漠漠：迷蒙，清淡。

② 穷秋：秋天走到了尽头，指深秋。

③ 淡烟流水：画屏上轻烟淡淡，流水潺潺。

④ 宝帘：缀着珠宝的帘子。

7. 浪淘沙

⊙〔宋〕欧阳修

把酒[①]祝东风，且共从容[②]，垂杨紫陌[③]洛城东。总是[④]当时携手处，游遍芳丛。

聚散苦匆匆，此恨无穷。今年花胜去年红。可惜明年花更好，知与谁同？

---

① 把酒：端着酒杯。这个行为类意象经常出现在古诗文中，如苏轼《水调歌头》中的“把酒问青天”，李清照《醉花阴》中的“东篱把酒黄昏后”，以及范仲淹《岳阳楼记》中的“把酒临风，其喜洋洋者矣”。

② 从容：流连。

③ 紫陌：泛称京都郊野之路。

④ 总是：大多是，都是。

此词为明道元年（1032）春，欧阳修与友人梅尧臣在洛阳城东旧地重游有感而作，是一首惜春忆春的小词。词中伤时惜别，抒发了人生聚散无常的感叹。这首词在时间上跨了去年、今年、明年。上阕由现境而忆已过之境，即由眼前美景而思去年同游之乐。下阕再由现境而思未来之境，含遗憾之情于其中，尤表现出对友谊的珍惜。

“今年花胜去年红。可惜明年花更好”，将三年的花加以比较，融别情于赏花中，借喻人生的短促和聚时的欢娱心情，而并非“今年”的花真的比“去年”更鲜艳，但由于是用乐景写哀情，使词的意境更加深化，感情更加诚挚。

上阕回忆昔日欢聚洛阳，同游郊野之乐趣。下阕写惜别之情，感伤气息浓重，结尾两句“可惜明年花更好，知与谁同”，更以今年花胜去年，预期“明年花更好”，映衬明年朋友聚散之难卜，不知与谁一道重来洛阳赏花，更进一层地深化了这种人生聚散无常之感。然而，在人生聚散无常的伤感之外，所幸尚有“明年花更好”的希望在，良辰美景总能多少慰藉词人怅惘失落的心，减轻词人心头的伤痛。故而词人并无剧痛深哀，只是一种淡淡的伤感而已。

扫码收听朗诵音频

8. 甲辰八月辞故里

⊙〔明〕张煌言

国亡家破欲何之①？西子湖头有我师。
日月双悬于氏墓②，乾坤半壁③岳家祠。
惭将赤手④分三席，敢为丹心借一枝⑤。
他日素车⑥东浙⑦路，怒涛岂必属鸱夷⑧！

---

① 欲何之：等于“欲之何”，想要到什么地方去。之，到……去。

② 于氏墓：于谦墓，在今西湖三台山麓。

③ 乾坤半壁：是说岳飞的抗金斗争，支撑住南宋的偏安局面。

④ 赤手：空手。

⑤ 一枝：语出《庄子·逍遥游》：“鹪鹩巢于深林，不过一枝。”比喻栖身之所。

⑥ 素车：白色灵车。这里喻指汹涌的波涛。

⑦ 东浙：浙江东部地区。

⑧ 鸱（chī）夷：皮革制的口袋，亦作鸱鹈，此指伍子胥的精魂。《国语·吴语》：“乃使取申胥之尸，盛以鸱鹈，而投之于江。”

清康熙三年（1664），张煌言被捕，被转解至杭州。此诗是诗人离别故乡时所写，诗中表示自己要以于谦、岳飞等人为榜样，宁死不屈，即使以身殉国，但斗志也永远不灭。张煌言作为南明抗清的最后一面旗帜，虽然已经失败，但在广大人民心里，永远是一面不倒的战旗，它象征着一种永不屈服的民族精神。所以当他被解往杭州的时候，鄞县（今浙江省宁波市鄞州区）父老挥泪送行者有几千人。

首联两句提出自己关于生与死的抉择，在国破家亡之时，要到哪里去呢？虽是问句，但言下之意是：现在国家已不存在，自己只有一死。于是下句紧接着便说：西子湖畔有我学习的老师。颔联两句具体指出学习的榜样，向英雄学习什么，怎样学习。“惭将赤手分三席”这一句点出学习的方式，即用牺牲生命来效仿前贤；自己恢复明室的功业未成，愧与于谦、岳飞同立祠于西子湖畔鼎足而三。下句说自己深感惭愧的是没有二位英雄的赫赫功勋，只能凭借自己的一寸丹心来追随二公，英勇不屈地走向死亡。尾联两句写自己抗清的意志不灭，虽然自己葬身于西子湖畔，但抗清的精魂永不会泯灭，必像伍子胥那样，化为钱塘江的怒潮。将乘着素车白马，乘风破浪，震撼着曾经鏖战过的浙东大地。

童年印象

童年是一段闪烁着奇异光彩的记忆，总让人思绪万千、回味无穷。托尔斯泰说："幸福的，幸福的，一去不返的童年时代啊！怎能不爱惜、不珍重对童年的回忆呢？"人在童年得到的印象总会在他的心灵上留下深深的痕迹，在不知不觉中影响着他的未来。回忆童年，追寻那记忆深处的人和事，会让我们体味人生的丰富多彩。

阅读本单元文章，同学们要注重熟读精思：学习从标题、详略安排、角度选择等方面整体把握文章重点；关注细节描写，揣摩人物心理，把握人物形象特点；还要从开头、结尾、文中的反复及特别之处发现关键语句，感受文章的意蕴。

1. 老哥哥

⊙臧克家

秋是怀人的季候。深宵里，床头上叫着蟋蟀，凉风吹一缕月光穿过纸窗来。在这没法合紧眼的当儿，一个意态龙钟的老人的影像便朦胧在我眼前了。

蟋蟀秋鸣、风吹月光，惊扰了睡意，引起“我”对老哥哥的牵挂与怀念。

可以说，我的心无论什么时候都给老哥哥牵着的。在青岛住过了五年，可是，除了友情没有什么使我在回忆里怅惘[1]的，有，那便是老哥哥了。青岛离家很近，起早也不过天把的路程呢。记得在中山路左角一家破旧的低级的交易场中，常常可以得到老哥哥的消息。前来的乡人多半是贩卖鸡子，回头带一点洋货，老哥哥的孙子也每年无定时地来跑几趟，他来我总能够知道，临走，我提一个小包亲自跑到嘈

情思绵绵，无限思念跃然纸上。你能概括出“我”牵挂老哥哥的具体事例吗？

① 怅惘（chàng wǎng）：惆怅迷惘；心里有事，没精打采。

杂的交易所里，从人丛中从忙乱中唤他出来，交到他的手里。

“这是带给老哥哥的一点礼物。”

“这还使得呢！”口在推让着小包却早已接过去了。我知道这点礼物不比鸿毛有分量，然而一想老哥哥用残破的牙齿咀嚼着饼干时的微笑，自己的心又是酸又是甜的。

“我”想到“老哥哥用残破的牙齿咀嚼着饼干时的微笑”，为何“心又是酸又是甜的”？

老哥哥离开我家，算来已经足足十年了。在这个长的期间里我是一只乱飞的鸟，也偶尔地投奔一下故乡的园林。照例，在未到家以前，心先来一阵怕，怕人家说我变了，更怕有些人我已不认识，有些人已见不到了。到了家，一个腚还没坐好，就开始问短问长了。心急急地想探一下老哥哥的消息，可是口却有些不敢张开，早晚用话头的偏锋敲出了老哥哥健在的消息，心这才放下了。

前年旧年是在家里过的。正月的日子是无底幽闲[1]，便把老哥哥约到我家来了。见了面我还没来得及看清楚他，他却大声喊着说：“你瘦了！小时候那样的又胖又白！”从他刚劲的声音里我听出了他的康健。

① 幽闲：同“悠闲”，闲适自得。

"老哥哥，你拖在背上的小辫也秃光了。"他没有听见，便在我的扶持下爬到我的炕头上了。

我们开始了短短长长的谈话，话头随意乱摆是没有一定的方向的。他的耳朵重听，说话的声音很高，好似他觉得别人的听觉也和他一样似的。用手势，用高腔，不容易把一句话递进他的耳朵里去。他说，他常常挂念着我，他的身子虽然在家里，可是心还在我的家呢。

语丝还缠在嘴角上，可是他已经呼呼地打起鼾声[①]来了，我心里悲伤地说："老哥哥真老了！"

听他喉咙中，呼吸像拉风箱，一霎又咳嗽醒了，愣挣起来吐一口黄痰。他自己仿佛有点不好意思，要我扶他趋搭地到耳房[②]里去，在那儿也许他觉得舒心一点，五十个年头身下的土炕会印上个血的影子吧？于今用了一把残骨，他又重温别过十年的旧梦去了。

傍晚了。我留他住一宿，他一面摇头一面高声说："老了，夜里还得人服侍，日后再见

---

① 鼾（hān）声：打呼噜的声音。

② 耳房：跟正房相连的两侧的小屋，也指厢房两旁的小屋。

吧！”我用眼泪留他，他像没有看见，起来紧了紧腰踉跄[1]着向外面移步了。我扶着他，走下了西坡，老哥哥的村庄已在炊烟中显出影子来了。

我回步的时候晚霞正灼在西天，回头望望老哥哥，已经有些模糊了，在冷风里只一个黑影在闪。

“日后再见吧！”我一边走着一边回味着老哥哥这句话。但是一个熟透了的果子，谁料定它哪刹会自落呢？

回到家来，更念着老哥哥了。老哥哥真是老哥哥，他来到我家时曾祖父还不过十几岁呢。祖父是在他背上长大的，父亲是在他背上长大的，我呢，还是。他是曾祖父的老哥哥，他是祖父和父亲的老哥哥，他是我的老哥哥。

这里补充了老哥哥在“我”家五十年的经历。那么，他在“我”心里是个什么样的人呢？

听老人们讲，他到我家来时不过才二十岁呢。身子铜帮铁底的，一个人可以单拱八百斤重的小车，可是在我记事的时候，他已是六十多岁的暮气人了。那时他的活是赶集，喂牲口，农忙了担着饭往坡里送。晒场的时节，有时拿一张木叉翻一翻。扬场，他也拾起张锨来扬它几下，别人一面扬一面称赞他说：“好手

① 踉跄（liàng qiàng）：走路不稳。

艺，扬出个花来，果真老将出马一个赶俩。”

从我记事以来，祖父没曾叫过他一声老哥哥，都是直呼他老李。曾祖父也是一样。曾祖父的脾气很暴，好骂人。祖父虽然不大骂人，然而那张不大说话的脸子一望见就得叫人害怕。老哥哥赶集少买了一样东西，或是祖父说话他耳聋听不见，那一张冷脸，半天一句的冷话他便伸着头吃上了。我在一边替老哥哥心跳，替老哥哥不平。心里想：“祖父不也是在老哥哥手下长大了的吗？”

“我”对老哥哥的同情、依恋与其他家人对老哥哥的训斥和冷脸、冷话形成鲜明对比。

老哥哥对我没有那么好的。我都是牵着他的小辫玩。他说故事给我听。他说他才到我家来，我家正是旺时，六曾祖父做大京官，门前那迎风要倒的两对旗杆是他亲手加入竖起来的，那时候人口也多，真是热闹。语气间流露着“繁华歇”的感叹。

你如何理解这句话？

在黄昏，在雨夜，在月明的树下，他的老话便开始了。我侧着耳朵听他说“长毛”作反，听他说天上掉下彗星来。然而给我印象最深的要数这一次了。那年我八岁，母亲躺在床上，脸上蒙一张白纸，我放声哭了，老哥哥对我说母亲有病，他到吕标去取药，吃上就好了。后来给母亲上坟也老是他担着菜盒，我跟在后头。

描写老哥哥“日夜蜷缩”的样子，作者运用了比喻的修辞手法，生动地刻画出被榨干血汗的底层劳动者形象。

老哥哥一天一天地没用了，日夜蜷缩在他那一角炕头上，像吐尽了丝的蚕一样，疲惫抓住了他的心。背曲得像张弓。小辫越显得细了。他的身子简直成了个季候表，一到秋风起来便咯咯地咳嗽起来。

“老李老了！老李老了！”

大家都一齐这么说。年老的人最不易叫人喜欢。于是有关老哥哥的坏话塞满了祖父的耳朵，大家都讨厌他。讨厌他耳聋，讨厌他夜间咯咯闹得人睡不好觉，讨厌他冬天把炕烧得太热，他一身都是讨厌骨头，好似从来就没有过不讨厌的时候！祖父最会打算，日子太累，废物是得铲除的，于是寻了一点小事便把五十年来跑里跑外的老哥哥赶走了。我当时的心比老哥哥的还不好过，真想给老哥哥讲讲情，可是望一下祖父的脸，心又冷了。

“一点小事”与“五十年来”形成强烈对比，直击人心。

老哥哥临走泪零零的，口里半诅咒半咕噜着说：“不行了，老了。”每年十二吊钱的工价，算清了账，肩一个小包（五十年来劳力的代价）走出了我家的大门。我牵着他的衣角，不放松地跟在后面。

老哥哥儿花女花是没有一点的。他要去找的是一个嗣子[①]。说家，是对自己的一个可怜的安慰罢了，不是自己养的儿子，又没有许多东西带去，人家能好好地养他的老吗？我在替他担心着呢！

十年过去了，可喜老哥哥还在人间。暑假在家住了一天，没能够见到他。但从三机匠口里听到了老哥哥的消息，他说在西河树行子里碰到老哥哥在背着手看晚照，见了他还亲亲热热地问这问那。他还说老哥哥一心挂念着我庄里的人，还待要鼓鼓劲来一趟，因为不过二里地的远近，老哥哥自己说脚力还能来得及呢。

又是秋天了。秋风最能吹倒老年人！我已经能赚银子了，老哥哥可还能等得及接受吗？

结尾的“秋风”照应开头，既表达了“我”对年事已高的老哥哥的担忧和同情，又突出了“我”想要帮助老哥哥的心愿。

1934年冬

①嗣子：旧时宗法制度，本人无子，把兄弟或亲戚之子过继为己子，称嗣子。

学习提示

“老哥哥”，一个亲切质朴、浸润着中国乡土气息的称谓，一如文中作者魂牵梦萦、终生挚爱的旧中国贫苦农民。五十载艰辛血汗溶解了他铜帮铁底的身躯，四世真情换来的却是他孑然一身的凄然处境，这都深深触动了一颗稚嫩的心灵，滋养了一位同情劳苦大众、控诉黑暗社会的“农民诗人”臧克家。

作者分别从成年和幼年的“我”两个视角来讲述故事，你能说说这样创作的妙处吗？我们可以尝试由细微之处觅得妙法，例如“我的心无论什么时候都给老哥哥牵着的”“我牵着他的衣角，不放松地跟在后面”中的“牵”字分别表达了作者怎样的情感？

2. 五叔春荆

⊙郑振铎

祖母生了好几个男孩子，父亲最大，五叔春荆最小。

当五叔夭死时，我还不到七岁。自然到了现在，已记不得他是如何的一个样子了。可不知怎的，这位不大认识的叔父，却时时系住了我的心，成为我心中最忆念的人。

设置悬念，引人思考：为什么“这位不大认识的叔父，却时时系住了我的心，成为我心中最忆念的人”？

这个忆念，祖母至今还时常叹息着把我挑动。她每每微叹着说，五叔是我几个叔父中最听话的，三叔常常挨打，二叔更不用说，只有他，从小起，便不曾给她打过骂过。五叔读书又用功，常常几个哥哥都出去玩了，他还独坐在书房里看书，一定要等到天黑了，方才肯放下书本。五叔写得一手好楷书，那些字，个个工整异常，真是一笔不苟，一画不乱。我没有选取日常生活中的琐事，叙述平缓，语言平实，刻画了五叔一丝不苟、性格平和的形象。

看见过那么细心而有恒的人。祖母说，他记账也是这个样子的，慢慢地一笔笔地写下来。大约他生平没有写过一个潦草的字，也没有做过一件潦草的事。祖母又说起，家里的杂事，没人管，要不是五叔在家，她真是对付不了。二叔有时还打丫头，三叔也偶有生气的时候，只有五叔从没有对丫头、对老妈子、对当差的说过一句粗重的话，他对他们都是一副笑笑的脸儿。在他死时，家里哪一个人不伤心，连小丫头也落泪了。“唉，你这样好的五叔，可惜死得太早！”每当回忆起伤心的情景，祖母总是默默地不言了一会儿，沉着脸，似乎心里很凄楚。

每到夜晚，祖母便在烟铺上坐着，慢慢地烧着烟，嗤、嗤、嗤地吸着。她是最喜欢我在这时陪伴着她的。在烟兴半酣时，她有了一点感触，又对我说起五叔的事来。

祖母道：“唉，你不晓得你五叔当初怎样地疼爱你！他常常把你抱着，在天井里打圈子，他抱得又稳又有姿势。你那时也很喜欢他呢，见了他走来，便从奶娘的身上伸出一双小小的又肥又白的手来，叫道‘五叔，抱，抱’，他便接了你过来抱着。你在他怀抱里从不曾哭过。我们都说他比奶娘还会哄孩子呢。像你二叔，他未抱你上手，你便先哭起来了。全家都说，你和你五叔缘分特别的好。有一年，你出天花，你五叔真是着急，书也无心念了，请医生，取药，就是煎药，也亲自动手。你现在都不记得了吧？”

真的，我如今是再也回想不起五叔的面貌和态度了，然而祖母屡次的叙述，却使我依稀认识了一位温厚仁爱的叔父。

纵观全文，五叔的“温厚仁爱”表现在哪些方面？

祖母曾把五叔病死的原因，很详细地告诉过我们，而且不止告诉过一次。她凄楚[①]地述说着，我们也黯然地静听着。夜间悄悄无声，连一根针落地的响声都可以听得见，而如豆的烟灯，在床上放着微光。

故事娓娓道来，作者为什么写“静夜”“微光”？

那一年，祖母回故乡，五叔跟随着。她在家里住了几个月。恰好祖姨新死了丈夫，心里郁郁不快。祖母怕她生出病来，便劝她搬到我们家里来同住。她踌躇了几时，便同意了。她把房子和重笨的器具卖掉，然而随身带着的还有好几十只皮箱。这样多的行李，当然不能由旱路走。五叔便专雇了一只闽船，护送着祖姨从水路走。祖母

① 凄楚：凄惨痛苦。

则由五老爹伴随着从旱路走。哪想到，那条船途中触了礁。祖姨只得带了些重要的细软，和五叔上了舢板。不想岸边沙滩上水很浅，舢板靠不上岸。五叔便把长衫卷了起来，脱了鞋袜，负着祖姨，在水中走上了岸。

五叔身体本来很细弱，自涉水上岸之后，便觉得不大舒服，时时在夜间发热，但他怕祖母担心，一句话也不敢说。病一天天地加重，以至于卧床不能起。祖母忙请医生给他诊看，这病已是一个不治的症候了。临死时，他除了对父母说，自己辜负了养育的深恩而不能报，劝他们不要为他悲愁的话外，一句别的吩咐也没有。他平安而镇定地死去。在五叔安静地躺在床上、微微地断了最后的一口呼吸时，祖母的心碎了！她整整地哭了好几天。到了一年两年后，想起来还是哭。到了如今，已经二十多年了，还是常说："唉，你五叔，可惜死得太早！"

墓石上磨损的字，与开头"五叔夭死"相呼应，结构完整，寓情于景，表达了作者对五叔的思念和对他早逝的痛惜，含蓄深沉。

前几年，我和三叔归到故乡扫墓，我们立在阴沉沉的松柏林下，面前是一个圆形墓，墓石上的字，已为风雨所磨损，但还依稀地认得出是"亡儿春荆之墓"几个大字。我黯然地站在那里。夕阳淡淡地照在松林的顶上，乌鸦呀呀地由这株树飞到那株树上去。

山中是无比的寂静。

（有删改）

学习提示

怀念是一种绵延无期的痛，英年早逝的五叔凭借其温厚仁爱、孝顺体贴的秉性，留给“我”和祖母无限的思念。他对“我”宠爱有加，对祖母精心呵护，对亲戚真心相助，短暂的一生过得异常充实……面对死亡，五叔走时“平安而镇定”，只是惦记着自己的父母，他那孱弱的身躯里藏着坚强仁爱的灵魂。

蒙田曾说：“生命的价值并不在长短，而在乎我们怎样利用它。许多人活的日子并不多，却活了很长久。”五叔就是一个在家人心中“活了很长久”的人。阅读文章思考其原因，并探究小说结尾的表达效果。

1. 我的童年

⊙冰　心

提到童年，总使人有些向往，不论童年生活是快乐，是悲哀，人们总觉得都是生命中最深刻的一段；有许多印象，许多习惯，深固地刻画在他的人格及气质上，而影响他的一生。

我的童年生活，在许多零碎的文字里，不自觉地已经描写了许多，当曼瑰对我提出这个题目的时候，我还觉得有兴味，而欣然执笔。

中年的人，不愿意再说些情感的话，虽然在回忆中充满了含泪的微笑，我只约略地画出我童年的环境和训练，以及遗留在我的嗜好或习惯上的一切，也许有些父母们愿意用来作参考。

先说到我的遗传：我的父亲是个海军将领，身体很好，我从不记得他在病榻上躺着过。我的祖父身体也很好，八十六岁无疾而终。我的母亲却很瘦弱，常常头痛，吐血——这吐血的症候，我也得到，不是肺结核，而是肺气枝[①]涨大，过劳或操心，都会发

① 现在用作“肺气支”。

作——因此我童年时代记忆所及的母亲，是个极温柔、极安静的女人，不是做活计，就是看书，她的生活是非常恬淡的。

虽然母亲说过，我在会吐奶的时候，就吐过血，而在我的童年时代，并不曾发作过，我也不记得我那时生过什么大病，身体也好，精神也活泼，于是那七八年山陬[①]海隅的生活，我多半是父亲的孩子，而少半是母亲的女儿！

在我以先，母亲生过两个哥哥，都是一生下就夭折了，我的底下，还死去一个妹妹。我的大弟弟，比我小六岁。在大弟弟未生之前，我在家里是个独子。

环境把童年的我，造成一个“野孩子”，丝毫没有少女的气息。我们的家，总是住近海军兵营，或海军学校。四围没有和我同年龄的女伴，我没有玩过“娃娃”，没有学过针线，没有搽[②]过脂粉，没有穿过鲜艳的衣服，没有戴过花。

反过来说，因着母亲的病弱，和家里的冷静，使得我整天跟在父亲的身边，参加了他的种种工作与活动，得到了连一般男子都得不到的经验。为一切方便起见，我总是男装，常着军服。父母叫我“阿哥”，弟弟们称呼我“哥哥”，弄得后来我自己也忘其所以了。

父亲办公的时候，也常常有人带我出去，我的游踪所及，是旗台，炮台，海军码头，火药库，龙王庙。我的谈伴是修理枪炮的工人，看守火药库的残废兵士，水手，军官，他们多半是山东人，和

---

① 陬（zōu）：角落；山脚。

② 搽（chá）：用粉末、油类等涂（在脸上或手上等）。

蔼而质朴，他们告诉我以许多海上新奇悲壮的故事。有时也遇见农夫和渔人，谈些山中海上的家常。那时除了我的母亲和父亲同事的太太们外，几乎轻易见不到一个女性。

四岁以后，开始认字。六七岁就和我的堂兄表兄们同在家里读书。他们比我大了四五岁，仍旧是玩不到一处，我常常一个人走到山上海边去。那是极其熟识的环境，一草一石，一沙一沫，我都有无限的亲切。我常常独步在沙岸上，看潮来的时候，仿佛天地都飘浮了起来！潮退的时候，仿佛海岸和我都被吸卷了去！童稚的心，对着这亲切的“伟大”，常常感到怔忡[1]。黄昏时，休息的军号吹起，四山回响，声音凄壮而悠长，那熟识的调子，也使我莫名其妙地要下泪，我不觉得自己的“闷”，只觉得自己的“小”。

因着没有游伴，我很小就学习看书，得了个“好读书，不求甚解”的习惯。我的老师很爱我，常常教我背些诗句，我似懂似不懂的有时很能欣赏。比如那“前不见古人，后不见来者。念天地之悠悠，独怆然而涕下”。我独立山头的时候，就常常默诵它。

离我们最近的城市，就是烟台，父亲有时带我下去，赴宴会，逛天后宫，或是听戏。父亲并不喜听戏，只因那时我正看《三国演义》，父亲就到戏园里点戏给我听，如《草船借箭》《群英会》《华容道》等。看见书上的人物，走上舞台，虽然不懂得戏词，我也觉得很高兴。所以我至今还不讨厌京戏，而且我喜听须生、花脸、黑头的戏。

---

① 怔忡（zhēng chōng）：心悸。

再大一点，学会了些精致的淘气，我的玩具已从铲子和沙桶，进步到蟋蟀罐同风筝，我收集美丽的小石子，在瓷缸里养着，我学作诗，写章回小说，但都不能终篇，因为我的兴趣，仍在户外，低头伏案的时候很少。

父亲喜欢种花养狗，公余之暇，这是他唯一的消遣。因此我从小不怕动物，对于花木，更有普遍的爱好。母亲不喜欢狗，却也爱花，夏夜我们常常在豆棚花架下，饮啤酒、汽水，乘凉。母亲很早就进去休息，父亲便带我到旗台上去看星，他指点给我各个星座的名称和位置。他常常说："你看星星不是很多很小，而且离我们很远吗？但是我们海上的人一时都离不了它。在海上迷路的时候看见星星就如同看见家人一样。"因此我至今爱星甚于爱月。

父亲又常常带我去参观军舰，指点给我军舰上的一切，我只觉得处处都是整齐，清洁，光亮，雪白；心里总有说不出的赞叹同羡慕。我也常得亲近父亲的许多好友，如萨镇冰先生，黄赞侯先生——民国第一任海军部长黄钟瑛上将——他们都是极严肃，同时又极慈蔼，生活是那样纪律，那样恬淡，他们也作诗，同父亲常常唱和，他们这一班人是当时文人所称为的"裘带歌壶，翩翩儒将"。我当时的理想，是想学父亲，学父亲的这些好友，并不曾想到我的"性别"阻止了我做他们的追随者。

这种生活一直连续到了十一岁，此后我们回到故乡——福州——去，生活起了很大的转变。我也不能不感谢这个转变！十岁以前的训练，若再继续下去，我就很容易变成一个男性的女人，心理也许就不会健全。因着这个转变，我才渐渐地从父亲身边走到母亲的怀里，而开始我的少女时期了。

童年的印象和事实，遗留在我的性格上的，第一是我对于人生态度的严肃，我喜欢整齐、纪律、清洁的生活，我怕看怕听放诞、散漫、松懈的一切。

第二是我喜欢空阔高远的环境，我不怕寂寞，不怕静独，我愿意常将自己消失在空旷辽阔之中。因此一到了野外，就如同回到了故乡，我不喜城居，怕应酬，我没有城市的嗜好。

第三是我不喜欢穿鲜艳颜色的衣服，我喜欢的是黑色、蓝色、灰色、白色。有时母亲也勉强我穿过一两次稍微鲜艳的衣服，我总觉得很忸怩，很不自然，穿上立刻就要脱去，关于这一点，我觉得完全是习惯的关系，其实在美好的品位之下，少女爱好天然，是应该“打扮”的！

第四是我喜欢爽快、坦白、自然的交往。我很难勉强我自己做些不愿意做的事，见些不愿意见的人，吃些不愿意吃的饭！母亲常说这是“任性”之一种，不能成为“伟大”的人格。

第五是我一生对于军人普遍的尊敬，军人在我心中是高尚、勇敢、纪律的结晶。关系军队的一切，我也都感到兴趣。

说到童年，我常常感谢我的好父母，他们养成我一种恬淡、“返乎自然”的习惯，他们给我一个快乐清洁的环境，因此，在任何环境里都能自足、知足。我尊敬生命，宝爱生命，我对于人类没有怨恨，我觉得许多缺憾是可以改进的，只要人们有决心，肯努力。

这不是一件容易事，因为生命是一张白纸，他的本质无所谓痛苦，也无所谓快乐。我们的人生观，都是环境形成的。相信人生是向上的人，自己有了勇气，别人也因而快乐。

我不但常常感念我的父母，我也常常警惕我们应当怎样做父母。

一九四二年三月二十七日，歌乐山。

学校的起源

我国古代学校的起源，可以追溯到4000多年前。相传在虞舜时代，我国就已经出现了学校，称之为“庠”。高一级的叫“上庠”，近似国学的前身；低一级的叫“小庠”，近似乡学的前身。

至于“学”和“校”两字的合用，最早见于《诗经》，比较严格意义上的见于汉朝。《汉书·董仲舒传》中有：“抑黜百家，立学校之官。”《汉书·循吏·文翁传》说：“至武帝时，乃令天下郡国，皆立学校官。”班固《东都赋》中也有“是以四海之内，学校如林”之语，可见汉代学校的发展已经盛况空前了。

2. 系在风筝线上的童年

⊙周岩壁

时令正是仲春。大地挣脱了冬的纠缠，不觉之中已经泛出几分淡淡的鹅黄的绿意。仰望晴空，偶见数点风筝，袅袅娜娜地飘挂天际，使我蓦然忆起“草长莺飞二月天，拂堤杨柳醉春烟”，正是放风筝的好时光。瞩望那长长的轻轻抖动的风筝线，竟丝丝缕缕牵出了我的童年。

在乡下，三月的剪剪轻风还残留着冬的料峭。我们这些颠跑在蓊郁[①]麦田里的孩子，摔打惯了，是不知道什么叫作冷的。何况又常把嬉笑系在风筝线上，即便有些寒意，也早被如火的童心融化掉，让野气的笑声赶跑了。

人们都说，男孩子手笨，女孩子手巧。可是不是吹，我们男孩子虽未能绣出花团锦簇的衣冠，却从手中飞出过巧夺天工的风筝。常常趁放学之后的间隙，三五个凑在一处无人知晓的角隅，或干脆跑到野外去，因为家里的大人是不让我们摆弄风筝的。

---

① 蓊（wěng）郁：形容草木茂盛。

我们偷偷找来竹篾，要那种绿皮的，有韧性的，犹如女孩子绣花挑线一般仔细。把竹子放到火堆上烤了，再弯成弓似的和轱辘[1]似的几何形状，拼在一起，悉心用细绳子细线系好，就变成了形态各异的风筝骨架。然后，几颗小脑袋抵在一处，叽叽喳喳商量一阵，就各出心裁地用彩笔在糊好的桑皮纸上勾勒一通，便给它们穿上了斑斓的衣衫，完全可以与女孩子织成的锦绣相媲美。然后用大团大团的线做放线，一头儿系在风筝上，一头儿缠在一个线拐子上。这些线来得可不容易呢，是我们这些“男子汉”低三下四、求爷告奶，甚至向小姑娘一连串喊上十声“好姐姐”才弄到手的。

好了，抬起你因做风筝而勾得酸了的头，开始放吧。嗬！风筝！全是风筝！这些大大小小造型生动的风筝，从辽阔的麦田里，迤逦[2]的大道旁，潋滟[3]的堤塘边冉冉升起——被底下幼稚的欢声笑语吹着，腾腾的热气捧着，悠悠飞向空中，去亲吻白云。好似争艳的奇葩，挂彩的气球。我们的心醉了。

更叫绝的要数晚上。皓月高悬中天，大地一片静谧，夜色朦胧，我们几个小伙伴偷偷溜出来一叽咕，便带了心爱的风筝到村头田边——但不去有坟茔的地方，虽说不怕，可终究有些煞风景。风筝纸涂了闪金光的东西，还要想法把一段蜡头或一捻沾了油的棉絮系在尾巴上，放飞时一点燃，便像飞机尾翼上的信号灯一样闪烁。

① 轱辘（gū lu）：车轮。

② 迤逦（yǐ lǐ）：曲折连绵。

③ 潋滟（liàn yàn）：形容水波流动。

这通常极难放。因野外有风，蜡烛又不顶风，所以总是熄灭。但是，偶有成功的时候，那风筝放起来就别有情趣，“信号灯”明灭闪烁，随风筝飘飘洒洒，也把一颗颗童心送上神秘的高空，如醉如痴。

风筝也有赌气的时候。有时候明明飞起来了，却偏偏任你如何摆布，它总要往地上栽。这时的小伙伴们决不会张飞似的环眼圆睁，一脚踏翻它的。大家总是小心翼翼地检查一番，找出毛病，对症下药。随着欢呼声，风筝重又飘然升起。放到得意处，猛不防风筝也会断线，摇头晃脑地越飘越远。我们拉着断了的风筝线，不胜惋惜……

韶光如流，虽说童年已经悄然离去，可风筝的这根若有若无的线，却每每牵着我的童年，使我常常捡回那逐渐远去的记忆。

啊，我的鹅黄色的童年！

3. 玩　具[①]

⊙史铁生

我有生的第一个玩具是一只红色的小汽车，不足一拃[②]长，铁皮轧制的外壳非常简单，有几个窗但是没有门，从窗间望见一个惯性轮，把后车轮在地上摩擦便能“嗷嗷——”地跑。我现在还听得见它的声音。我不记得它最终是怎样离开我的了，有时候我设想它现在在哪儿，或者它现在变成了什么存在于何处。

但是我记得它是怎样来的。那天可谓双喜临门，母亲要带我去北海玩，并且说舅舅要给我买那样一只小汽车。母亲给我扣领口上的纽扣时，我记得心里充满庄严；在那之前和在那之后很久，我不知道世上还有比那小汽车更美妙更奢侈的玩具。到了北海门前，东张西望并不见舅舅的影。我提醒母亲：舅舅是不是真的要给我买个小汽车？母亲说：“好吧，你站在这儿等着，别动，我一会儿就回来。”母亲就走进旁边的一排老屋。我站在离那排老

---

① 本文选自史铁生的《散文三篇》。

② 拃（zhǎ）：表示张开的大拇指和中指（或小指）两端间的距离。

屋几米远的地方张望，可能就从这时，那排老屋绿色的门窗、红色的梁柱和很高很高的青灰色台阶，走进了我永不磨灭的记忆。独自站了一会儿我忽然醒悟，那是一家商店，可能舅舅早已经在里面给我买小汽车呢，我便走过去，爬上很高很高的台阶。屋里人很多，到处都是腿，我试图从拥挤的腿之间钻过去靠近柜台，但每一次都失败，刚望见柜台就又被那些腿挤开。那些腿基本上是蓝色的，不长眼睛。我在那些蓝色的旋涡里碰来转去，终于眼前一亮，却发现又站在商店门外了。不见舅舅也不见母亲，我想我还是站到原来的地方去吧，就又爬下很高很高的台阶，远远地望那绿色的门窗和红色的梁柱。一眨眼，母亲不知从哪儿来了，手里托着那只小汽车。我便有生第一次摸到了它，才看清它有几个像模像样的窗但是没有门——对此我一点都没失望，只是有过一秒钟的怀疑和随后好几年的设想，设想它应该有怎样一个门才好。我是一个容易惭愧的孩子，抱着那只小汽车觉得不应该只是欢喜。我问："舅舅呢，他怎么还不出来？"母亲愣一下，随我的目光向那商店高高的台阶上张望，然后笑了说："不，舅舅没来。""不是舅舅给我买吗？""是，舅舅给你买的。""可他没来呀？""他给我钱，让我给你买。"这下我听懂了，我说："是舅舅给的钱，是您给我买的对吗？""对。""那您为什么说是舅舅给我买的呢？""舅舅给的钱，就是舅舅给你买的。"我又糊涂了："可他没来他怎么买呢？"那天在北海的大部分时间，母亲都在给我解释为什么这只小汽车是舅舅给我买的。我听不懂，无论母亲怎样解释，我绝不能理解。甚至在以后的好几年中我依然冥顽不化固执己见，每逢有人问到那只小汽车的来历，我坚持说："我妈给我买的。"或者再补充一句："舅舅给的钱，我妈进到那排屋子里去给我买的。"

对，那排屋子：绿色的门窗，红色的柱子，很高很高的青灰色台阶。我永远不会忘。惠特曼的一首诗中有这样一段："有一个孩子逐日向前走去；/他看见最初的东西，他就倾向那东西；/于是那东西就变成了他的一部分，在那一天，或在那一天的某一部分，/或继续了好几年，或好几年结成的伸展着的好几个时代。"正是这样，那排老屋成了我的一部分。很多年后，当母亲和那只小汽车都已离开我，当童年成为无比珍贵的回忆之时，我曾几次想再去看看那排老屋。可是非常奇怪，我找不到它。它孤零且残缺地留在我的印象里，绿色的门窗、红色的梁柱和高高的台阶……但没有方位没有背景，周围全是虚空。我不再找它。空间中的那排屋子可能已经拆除，多年来它只作为我的一部分存在于我的时间里。

但是有一天我忽然发现了它。事实上我很多次就从它旁边走过，只是我从没想到那可能就是它。它的台阶是那样矮，以至我从来没把它放在心上。但那天我又去北海，在它跟前偶尔停留，见一个三四岁的孩子往那台阶上爬，他吃力地爬甚至手脚并用，我猛然醒悟，这么多年我竟忘记了一个最简单的逻辑：那台阶并不随着我的长高而长高。这时我才仔细打量它。绿色的门窗，对，红色的柱子和青灰色的台阶，对，是它，理智告诉我那应该就是它。心头一热，无边的往事瞬间涌来。我定定神退后几米，相信退到了当年的位置并像当年那样张望它。但是张望越久它越陌生，眼前的它与记忆中的它相去越远。从这时起，那排屋子一分为二，成为我的两部分，大不相同甚至完全不同的两部分。那么，如果我写它，我应该按照哪一个呢？我开始想：真实是什么。设若几十年后我老态龙钟再来看它，想必它会二分为三成为我生命的三部分。那么真实，尤其说到客观的真实，到底是指什么？

何谓“义塾”

义塾，又称义学，是我国旧时的一种免费启蒙教育机构，主要为民间孤寒贫困子弟提供教育。义塾以宗族祠堂地租、官款或地方公款为经费来源，招收6～11岁儿童入学，以读书写字为主，教学内容与教学形式都和私塾一样。

宋代以宗族为单位设立，限于教育本族后代。清代由政府提倡，义学开始广为设置。清代义塾有乡校、小学、冬学、村塾等不同名称。

4. 滋　味

⊙张抗抗

至今还记得小时候的两件事，都是同感觉有关的。

一个夏天的夜晚，周围闷热得没有一丝风，凉席摸上去都发烫。好容易挨到后半夜，才昏昏沉沉地睡过去。睡梦中，忽然觉得有一只手在摇着我，只听得耳边有一个声音说：“都起来都起来，起来吃杨梅！”我迷迷糊糊睁开眼，看见房间的桌子上，放着满满的一篓杨梅。那杨梅一个个又圆又大，红里透黑的，蒂上还有青绿色的树叶。我以为自己是在做梦，嘟哝着翻过身，想继续睡觉。妈妈走过来，拍着我说：“快起来吃杨梅吧，你爸爸刚从果园回来，这杨梅是下午刚从树上摘下来的。”

爸爸的声音很兴奋：“杨梅一定要吃新鲜的，隔了夜，明天就不好吃了。”

我差不多是被爸爸抱起来放到椅子上的，我睡眼蒙眬地坐到桌子旁边后，还在打着瞌睡。但我多么想吃那些杨梅啊，平时我是最喜欢吃杨梅的啊，看来爸爸没有忘记上星期的允诺。

我就那样半睁半眯着眼，开始大吃杨梅。

其实那时候我根本还没有清醒过来。舌头是硬的，牙齿是木的，嘴巴机械地嚅动着咀嚼着，喉咙也好像堵塞了。但我仍然十分努力地吃着杨梅。因为妈妈说，这么新鲜的杨梅是难得吃到的，如果放到明天就会变味了。我一大颗一大颗地往嘴里塞着，差点连核都来不及吐出来。

于是那篓子里一点点浅下去，大家齐心协力，终于把杨梅吃光了。

第二天早晨醒来的时候，我第一眼就看见了桌上的那只空篓子。

好一会儿，我才记起那是昨天半夜里用来盛杨梅的一只篓子。那么，难道昨天夜里我竟然是吃过杨梅吗？但桌上那堆杨梅核证明我确实是吃过杨梅的。那篓紫红色的杨梅，每一粒的样子都很好看，像一个个深红色的绒线球似的，从我的记忆中滚过。

我将信将疑地起床去洗脸，在镜子里，我看见了嘴边残留的红色，同我梦里的绒线球的颜色一模一样。唇上还沾着些碎珠子般的梅刺。

可是，我怎么一点都不记得那杨梅，究竟是什么滋味了呢？

许多年来，我始终在竭力回忆和想象那天半夜里杨梅的味道，但一无所获。于是苦恼由此而生：如果一个人明明吃到了盼望已久的某种好东西，却发现自己对此毫无感觉毫无印象，这种无滋味的痛苦，比吃不到自己想吃的东西，更加难受。

那年春节，到外婆家去过年。

春节的前几天，我得到了一些压岁钱。妈妈说，可以用它买一样过年时自己喜欢的东西。我在小镇的街上转来转去，店里好像没有什么东西可买，我不知道应该拿这些钱怎么办。

后来我走到了卖鞭炮和烟花的小铺旁边。

那些五颜六色、花花绿绿的炮仗很快吸引了我。

我在那个小铺跟前站了很久，因为我拿不定主意到底应该买哪一种，说实话，我还从来没有自己买过鞭炮这种东西，那是男孩子玩的。他们总是当我们经过的时候，冷不丁地点燃他们手里的鞭炮，悄悄扔到我们脚边，听我们捂着耳朵尖叫，然后开心地乱笑。我下决心这次一定要买一种最好的鞭炮，让他们大吃一惊。

卖鞭炮的老头看我犹豫不决的样子，伸手递给我一只紫色的花纸筒，它差不多有一截甘蔗那么长，比甘蔗更粗些。老头笑眯眯地告诉我说，这是今年的新品种，放在地上点着以后，会喷出像节日天空中的焰火那样金黄色的火花，很好看的。

我说那是像喷泉一样的吗？他摇摇头，说是像下雨一样的。

那么就是金黄色的雨，一粒粒金光闪亮。这个景象一下子就吸引了我。

我数了数口袋里的钱，差不多刚好够买一只。

真够贵的啊，但它实在很诱人。我迟迟疑疑地站了好一会儿，最后掏出了我所有的钱。

回家的路上我举着那只纸筒一路疯跑，恨不得马上就把它点着。

可惜，离年三十还有好几天呢。外婆仔细端详着那只烟花，说这么珍贵的东西，一定要等到过年才能放的。妈妈说那就年三十再放吧，叫全家还有邻居都来看。

那真是一段漫长的等待，好像比一年还长。那几天里我整天心神不定、魂不守舍。那些只有春节才会得到的，所有好吃好玩的东西，比如新衣服、新鞋子、灯笼、风筝，还有花生、糖果、粽子、年糕、汤圆、千层包子……与我枕边这个将会发出万丈光芒的烟花相比，统统地无滋无味，叫我提不起一点兴趣。

终于盼到了大年三十。早上一睁开眼我就问妈妈，说现在可以放了吧？妈妈说，得等到吃过年夜饭，天黑了，放烟花才好看。于是那一整天里，每隔几分钟，我便抬头看钟，时间从来没有过得那么慢，天空几乎是一寸一寸地暗下来的。总算熬到了晚饭，丰盛的年夜饭我只草草吃了几口，便借故放下筷子溜了出去。空荡荡的院子里一个人也没有，家里的人那顿年夜饭吃得没完没了。我紧紧捏着那只纸筒东张西望，盼着大家快出来看我放烟花，有一会儿我甚至觉得天已经快要亮了。

终于，外婆拿着一盒火柴，走了出来。

大家都嘻嘻哈哈地拥了出来，很多双眼睛，在黑暗的院子里亮起来。

我把纸筒小心地安放在平整的地面上，开始试着在风中划火柴点燃那只纸筒的引线。我的手发抖，点了好几次才点着，扔下火柴就猛地躲到了妈妈身后。

嗤的一声，从地面上飞起了一串金色的火焰。像下雨，又像喷泉，还像是风中摇摆的稻穗，在眼前飞舞蹿腾，把周围黑暗的夜空照得雪亮。我们睁大了眼睛叫着、跳着、拍着手、跺着脚，我们不知该怎么欢迎它，也许我们应该把全镇的人都请来同我们共享这美丽和欢乐……

可惜，没等我们回身，仅仅只那么短短的一瞬，它便熄灭了。

四周重又是一片浓密的暗夜，它燃烧得很彻底，连一点火星都没有留下。

我知道那灿烂的一刹，其实仅仅是几十秒钟。

积攒了一年的节日盼望，所有过年的热闹和美食，都消失在这几十秒时间里了。等待的时间太长，而它燃烧得却那么迅速。当焰火熄灭的那个时刻，我忽然有一种极度的失望和懊悔。原来欢乐仅仅是那么短暂的一瞬。为这一瞬间的辉煌，我竟然连那个春节是个什么滋味都不知道。

我发现自己其实过了一个非常没有意思的春节。

但那却是我童年最难忘的一个春节。

很多年中我一直在咀嚼并回味自己经历过的往事，感觉出一些人生特别的滋味，然后写下它们，再交给读者去品尝。

单元学习任务

任务一

冰心先生说："不论童年生活是快乐，是悲哀，人们总觉得都是生命中最深刻的一段；有许多印象，许多习惯，深固地刻画在他的人格及气质上，而影响他的一生。"阅读本单元文章，走进作者的童年，用自己的话说说他们的童年有怎样的特点，又带给他们怎样的影响。

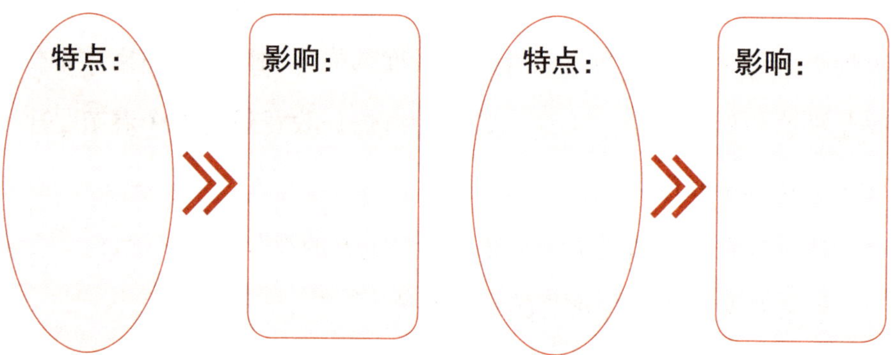

任务二

童年故事，记录着我们每一个人成长的轨迹。蓦然回首，童年时光更是闪烁着无数啼笑皆非的趣事，它们历久弥新，成为我们温馨的回忆。但如何讲述好故事，与人分享呢？你可以像《老哥哥》《五叔春荆》一样从不同的叙事角度，如分别从儿时、少年、成年三个角度讲述童年故事。

少年

儿时

成年

任务三

阅读本单元文章，会激发许多同学对自己童年的回忆，复兴中学某班决定举办一次以“童年记忆”为话题的班会活动。请你为此次班会活动拟一个主题，并写一篇不少于50字的活动总结语。

主题：

活动总结语：

人生微澜

人生从来没有真正的绝境。它像一局棋，布满了险关，也充满了机遇；又似一条路，有山重水复的坎坷，也有柳暗花明的坦途。无论遭受多少艰辛，经历多少苦难，都要勇敢面对，总有一天，你能够走出困境，让生命开花结果。人生可以平凡，但不可以庸俗、堕落。正如路遥在《平凡的世界》中说的那样：“其实我们每个人的生活都是一个世界，即使最平凡的人也要为他生活的那个世界而奋斗。”从这个意义上说，在这些平凡的世界里，也没有一天是平凡的。

学习本单元文章，要注意从标题、详略安排、角度选择等方面把握文章重点；从开头、结尾、文中的反复等处发现关键语句，感受文章的意蕴；还要注意作者是如何运用多种表现手法塑造人物的。

1. 信　客

⊙余秋雨

一

我国广大山区的邮电网络是什么年代健全起来的，我没有查过，记得早年在乡间，对外的通信往来主要依靠一种特殊职业的人：信客。

文章开头对信客这一职业进行了介绍。

信客是一种私人职业，不受任何机构管理。这个地方外出谋生的人多了，少不了要带几封平安家信、带一点衣物食品的，方圆几十里又没有邮局，那就用得着信客了。信客要有一点文化，知道各大码头的情形，还要有一副强健的筋骨，背得动重重的行李。

细想起来，做信客实在是一件苦差事。乡间外出的人数量并不太多，他们又不集中在一个城市，因此信客的生意不大，却很费脚力。如果交通方便也就用不着信客了，信客常走的

联系全文，你认为信客这一“苦差事”苦在哪里？

路大多七转八拐，换车调船，听他们说说都要头昏。信客如果把行李交付托运也就赚不了什么钱，他们一概是肩挑、背驮、手提、腰缠，咬着牙齿走完坎坷长途。所带的各家各户信件货物，品种繁多，又绝对不能有任何散失和损坏，一路上只得反复数点，小心翼翼。当时大家都穷，托运费十分低廉，有时还抵不回来去盘缠，信客只得买最差的票，住最便宜的舱位，随身带点冷馒头、炒米粉充饥。

信客是那个年代一种不可或缺的职业。他们担起沟通的重责，却收入微薄，“状如乞丐”。

信客为远行者们效力，自己却是最困苦的远行者。一身破衣旧衫，满脸风尘，状如乞丐。

没有信客，好多乡人就不会出远门了。在很长的时期中，信客沉重的脚步，是乡村和城市的纽带。

二

我家邻村，有一个信客，年纪不小了，已经长途跋涉了二三十年。

他读过私塾，年长后外出闯码头，碰了几次壁，穷愁潦倒，无以为生，回来做了信客。他做信客还有一段来由。

本来村里还有一个老信客。一次，村里一

户人家的姑娘要出嫁，姑娘的父亲在上海谋生，托老信客带来两匹红绸。老信客正好要给远亲送一份礼，就裁下窄窄的一条红绸扎礼品，图个好看。没想到上海那位又托另一个人给家里带来口信，说收到红绸后看看两头有没有画着小圆圈，以防信客做手脚。这一下老信客就栽了跟头，四乡立即传开他的丑闻，以前叫他带过东西的各家都在回忆疑点，好像他家的一切都来自克扣。但他的家，破烂灰暗，值钱的东西一无所有。

老信客声辩不清，满脸凄伤，拿起那把剪红绸的剪刀直扎自己的手。第二天，他揣着那只伤痕累累的手找到了同村刚从上海落魄回来的年轻人，进门便说："我名誉糟践了，可这乡间不能没有信客。"

整整两天，老信客细声慢气地告诉他附近四乡有哪些人在外面，乡下各家的门怎么找，城里各人的谋生处该怎么走。说到几个城市里的路线时十分艰难，不断在纸上画出图样。这位年轻人连外出谋生的人也大半不认识，老信客说了又说，比了又比，连他们各人的脾气习惯也做了介绍。

把这一切都说完了，老信客又告诉他沿途可住哪几家小旅馆，旅馆里哪个茶房可以信托。还有各处吃食，哪一个摊子的大饼最厚实，哪一家小店可以光买米饭不买菜。

从头至尾，年轻人都没有答应过接班。可是听老人讲了这么多，讲得这么细，他也不再回绝。老人最后的嘱咐是扬了扬这只扎伤了的手，说："信客信客就在一个信字，千万别学我。"

年轻人想到老人今后的生活，说自己赚了钱要接济他。老人说："不。我去看坟场，能糊口。我臭了，你挨着我也会把你惹臭。"

联系全文，我们会发现，其实两位信客并未疏远，文章哪些文字表现出他们的情谊深厚？

老信客本来就单身一人，从此再也没有回村。

年轻信客上路后，一路上都遇到对老信客的询问。大半辈子的风尘苦旅，整整一条路都认识他。流落在外的游子，年年月月都等着他的脚步声。现在，他正躲在山间坟场边的破草房里，夜夜失眠，在黑暗中睁着眼，迷迷乱乱地回想着一个个码头，一条条船只，一个个面影。

刮风下雨时，他会起身，手扶门框站一会儿，暗暗嘱咐年轻的信客一路小心。

三

年轻的信客也渐渐变老。他老犯胃病和风湿病，一犯就想到老信客，老人什么都说了，怎么没提起这两宗病？顺便，关照家人抽空带点吃食到坟场去。他自己也去过几次，老人逼着他讲各个码头的变化和新闻。历来是坏事多于好事，他们便一起感叹唏嘘。他们的谈话，若能记录下来，一定是历史学家极感兴趣的中国近代城乡的变迁史料，可惜这儿是山间，就他们两人，刚刚说出就立即飘散，茅屋外只有劲厉的山风。

联系下文，看看人情冷暖中有哪些“坏事”和“好事”。

信客不能常去看老人。他实在太忙，路上花费的时间太多，一回家就忙着发散信、物，还要接收下次带出的东西。这一切都要他亲自在场，亲手查点，一去看老人，会叫别人苦等。

只要信客一回村，他家里总是人头济济。多数都不是来收发信、物的，只是来看个热闹，看看各家的出门人出息如何，带来了什么稀罕物品。农民的眼光里，有羡慕，有嫉妒；比较得多了，也有轻蔑，有嘲笑。这些眼神，是中国农村对自己的冒险家们的打分。这些眼神，是千年故土对城市的探询。

终于有妇女来给信客说悄悄话：“关照他，往后带东西几次并一次，不要鸡零狗碎的。”“你给他说说，那些货色不能在上海存存？我一个女人家，来强盗来贼怎么办？”……信客沉稳地点点头，他看得太多，对这一切全能理解。都市里的升沉荣辱，震颤着长期迟钝的农村神经系统，他是最敏感的神经末梢。

闯荡都市的某个谋生者突然得了一场急病死了，这样的事在那样的年月经常发生。信客在都市同乡那里听到这个消息，就会匆匆赶去，代表家属乡亲料理后事、收拾遗物。回到乡间，他就挟上一把黑伞，伞柄朝前，朝死者家里走去。乡间报死讯的人都以倒挟黑伞为标记，乡人一看就知道，又有一个人客死他乡。来到死者家里，信客满脸戚容，用一路上想了很久的委婉语气把噩耗通报。可怜的家属会号啕大哭，会猝然昏厥，他都不能离开，帮着安慰张罗。更会有一些农妇听了死讯一时性起，咬牙切齿地憎恨都市，憎恨外出，连带也憎恨信客，把他当作了死神冤鬼，大声呵斥，他也只能低眉顺眼、连声诺诺。

下午，他又要把死者遗物送去，这件事情更

有危难。农村妇女会把这堆简陋的遗物当作丈夫生命的代价，几乎没有一个相信只有这一点点。红红的眼圈里射出疑惑的利剑，信客浑身不自在，真像做错了什么事一般。他只好柔声地汇报在上海处置后事的情况，农村妇女完全不知道上海社会，提出的诘问每每使他无从回答。

直到他流了几身汗，赔了许多罪，才满脸晦气地走出死者的家。他能不干这档子事吗？不能。说什么我也是同乡，能不尽一点乡情乡谊？老信客说过，这乡间不能没有信客。做信客的，就得挑着一副生死祸福的重担，来回奔忙。四乡的外出谋生者，都把自己的血汗和眼泪，堆在他的肩上。

四

信客识文断字，还要经常代读、代写书信。没有要紧事带个口信就是了，要写信总是有了不祥的事。妇女们一把眼泪、一把鼻涕在信客家里诉说，信客铺纸磨墨，琢磨着句子。他总是把无穷的幽怨和紧迫的告急调理成文绉绉的语句，郑重地装进信封，然后，把一颗颗破碎和焦灼的心亲自带向远方。

一次，他带着一封满纸幽怨的信走进了都市的一间房子，看见发了财的收信人已与另一个女人生活在一起。他进退两难，犹豫再三，看要不要把那封书信拿出来。发了财的同乡知道他一来就会坏事，故意装作不认识，厉声质问他是什么人。这一下把他惹火了，立即举信大叫："这是你老婆的信！"

信是那位时髦女郎拆看的，看完便大哭大嚷。那位同乡下不了台，硬说他是私闯民宅的小偷，拿出一封信来只是脱身伎俩。为了平息那个女人的哭闹，同乡狠狠打了他两个耳光，并把他扭送到了巡捕房。他向警官解释了自己的身份，还拿出其他许多同乡的地址作为证明。传唤来的同乡集资把他保了出来，问他事由，他只说自己一时糊涂，走错了人家。他不想让颠沛在外的同乡蒙受阴影。

这次回到家，他当即到老信客的坟头烧了香，这位老人已死去多年。他跪在坟头请老人原谅：从此不再做信客。

你认为他不再做信客的原因是什么？这是否是对老信客的失信？

他向乡亲们推说自己腿脚有病，不能再出远门。有人在外的家属一时陷入恐慌，四处物色新信客，怎么也找不到。

只有这时，人们才想起他的全部好处，常常给失去了生活来源的他端来几碗食物点心，再请他费心想想通信的办法。

也算这些乡村运气还好，那位在都市里打了信客耳光的同乡突然发了善心。此公后来更发了一笔大财，那位时髦女郎读信后已立即离他而去，他又在其他同乡处得知信客没有说他任何坏话，还听说从此信客已赋闲在家，如此种种，使他深受感动。他回乡来了一次，先到县城邮局，请他们在此乡小南货店里附设一个代办处，并提议由信客承担此事。

办妥了这一切，他回到家里慰问邻里，还亲自到信客家里悄悄道歉，请他接受代办邮政的事务。信客对他非常恭敬，请他不必把过去了的事情记在心上。至于代办邮政，小南货店有人可干，自己身体不济，恕难从命。同乡送给他的钱，他也没拿，只把一些礼物收下。

对那位同乡，信客没有收钱也没接受差事，对之前受到的委屈也没有“说坏话”，你认为这里他的“信”又是什么？

此后，小南货店门口挂出了一只绿色的邮箱，也办包裹邮寄，这些乡村又与城市接通了血脉。

信客开始以代写书信为生，央他写信的实在不少，他的生活在乡村属于中等。

五

两年后，几家私塾合并成一所小学，采用新式教材。正缺一位地理教师，大家都想到了信客。

信客教地理绘声绘色，效果奇佳。他本来识字不多，但几十年游历各处，又代写了无数封书信，实际文化程度在几位教师中显得拔尖，教起国文来也从容不迫。他眼界开阔，对各种新知识都能容纳。更难能可贵的是，他深察世故人情，很能体谅人，很快成了这所小学的主心骨。不久，他担任了小学校长。

在他当校长期间，这所小学的教学质量，在全县属于上乘。毕业生考上城市中学的比例，也很高。

他死时，前来吊唁的人非常多，有不少还是从外地特地赶来的。根据他的遗愿，他的墓就筑在老信客的墓旁。此时的乡人已大多不知老信客是何人，与这位校长有什么关系。为了看着顺心，也把那个不成样子的坟修了一修。

你认为，在信客心里，老信客是个怎样的人？为什么信客的墓要筑在老信客的墓旁？

学习提示

本文通过叙说两个信客的不同境遇及信客这个职业在民间的最终消亡，着重刻画了一个受人敬重的信客形象，赞扬了信客任劳任怨、恪尽职守、诚信无私、洁身自好、待人宽厚、善良厚道的美好品质，并说明了无私奉献的人必能赢得人们的敬重和爱戴。

2. 看自行车的女人

⊙梁晓声

想为那个看自行车的女人写篇文字的念头，已萌生在我心里很久了。事实上我也一直觉得还会见到她，如果那样，我就不写她了。却再也没见到。北京太大，存自行车的地方太多，她也许又到别处看自行车去了。或者，又受到什么欺辱，憋屈无人可诉，便回家乡去了？总之我再没见过她……

“我”为什么“想为那个看自行车的女人写篇文字”？

而我第一次见到她，是在北京一家牙科医院前边的人行道上：一个胖女人企图夺她装钱的书包，书包的带子已从她肩头滑落，搭垂在她手臂上。她双手将书包紧紧搂于胸前，以带着哭腔的声音叫嚷着：“你不能这样啊，你不能这样啊，我每天挣点儿钱多不容易啊……”

那绿色的帆布书包，看上去是新的。我

对“看自行车的女人”的外貌、穿戴，甚至对她的书包的描写都非常详细，这样写有什么作用？

想，她大约是为了她在北京找到的这一份看自行车的工作才买的。从前的年代，小学生们都背着那样的书包上学。现在，城市里的小学生早已不背那样的书包了，偶尔可见摆地摊的街头小贩还卖那样的书包，一种赖在大城市消费链上的便宜货。看自行车的女人四十余岁，身材瘦小，脸色灰黄。她穿着一套旧迷彩服，居然还戴着一顶也是迷彩的单帽，而足下是一双带扣襻儿的旧布鞋，没穿袜子，脚面晒得很黑。那一套迷彩服，连那一顶帽子，当然都非正规军装。地摊上也有卖的，十元钱可以都买下来。总之，她那么一种穿戴，使她的模样看去不伦不类，怪怪的。单帽的帽舌卡得太低，压住了她的双眉。帽舌下，那两只眼睛，呈现着莫大而又无助的惊恐。

我从围观者的议论中听明白了两个女人纠缠不休的原因：那人高马大的胖女人存上自行车离开时，忘了拿放在自行车筐里的手拎袋，匆匆地从医院里跑回来找，却不见了，丢了。她认为看自行车的外地女人应该负责任，甚至，怀疑是被看自行车的外地女人藏匿了起来。

胖女人一用力，终于将看自行车的女人那

书包夺了去，紧接着将一只手伸入包里去掏，却只不过掏出了一把零钱。

“当”的一声，一只小铁瓷碗抛在看自行车的女人脚旁，抢夺者骑上自己的自行车，带着装有十几元零钱的别人的书包，扬长而去。

看自行车的女人追了几步，回头看着一排自行车，情知不能去追，也情知是追不上的，她慢慢走回原地，捡起自己的小铁瓷碗，瞧着发愣。忽然，头往身旁的大树上一抵，呜呜哭了。那单帽的帽舌，压折在她的额和树干之间……

“追了几步”“走回原地”“呜呜哭了”，品味一系列的动作描写，体会看自行车的女人此时的心理活动。

我第二次见到她，是在北京的一家书店门外。那家书店前一天在晚报上登了消息，说第二天有一批处理价的书卖。我的手，和一只女人的黑黑瘦瘦的手，不期然地伸向了同一本书——《英汉对照词典》。我一抬头，认出了对方正是那个看自行车的女人，不由得将伸出的手缩了回来。我家小阿姨莲花嘱我替她捎买一本那样的书，不知那看自行车的女人替什么人买。看自行车的女人那天没再穿那套使她的样子不伦不类的迷彩服，也没戴迷彩单帽，而穿了一身洗得干干净净的蓝布衫裤。我的手刚一缩回，她赶紧将那一本书拿在手中，急问卖书人多少钱。人家说二十元，她又问十五元行不行。人家说一本新的要卖四十元呢！你买不买？不买干脆放下，别人还买呢！看自行车的女人就用一种特别无奈的目光望向了我，她的手却仍不放那词典。我默默转身走了。

想一想，她为什么倾尽所有买这本书？

我听到她在背后央求地说："卖给我吧，卖给我吧，我真的就剩十五元钱了！你看，十五元六角，兜里一分钱也没有了！我不骗你，你看，我还从你们这儿买了另外几本书……"

又听卖书的人好像不情愿似的："行行行，别啰唆了，十五元六角拿去吧！"

后来，那女人又在一家商场门前看自行车了。一次，我去那家商场买蒸锅，大小没有合适的，带着的一百元钱也就没破开。取自行车时，我没想到看自行车的人会是她，歉意地说："忘带存车的零钱了，一百元你能找得开吗？"我那么说时表情挺不自然，以为她会朝不好的方面猜度我。因为一个人从商场出来，居然说自己兜里连几角零钱都没有，不大可信的。她望着我愣了愣，似乎要回忆起在哪儿见过我，又似乎仅仅是由于我的话而发愣。也不知她是否回忆起了什么，总之她一笑，很不好意思地说："那就不用给钱了，走吧走吧！"——她当时那笑，给我留下很深的印象。我们许多人，不是已被猜度惯了吗？偶尔有一次竟不被明明有理由猜度我们的人猜度，于我们自己反倒是很稀奇之事了。每每地，竟至于感激起来。我当时的心情就是那样。应该不好意思的是我，她倒那么地不好意思。仅凭此点，以我的经验判断，在牙科医院前的人行道上发生的那件事中，这外地的看自行车的女人，她毫无疑问是被欺负了……这世界上有多少事的真相，在众目睽睽的情况之下被掩盖甚至被颠倒了啊！这么一想，我不禁替她不平……

为什么她的笑给"我"印象很深？

"我"为她"不平"的原因是什么？

我第二次去那家商场买到了我要买的那种大小的蒸锅，付存车费时我说："上次欠你两毛钱，这次付给你。"我之所以如此主动，并非想要证明自己是一个多么诚信的人。我当时丝毫也没有这样的意识。倒是相反，认为她肯定记着我欠她两毛钱存车费的事，若由她提醒我，我会尴尬的。不料她又像上次那样愣了一愣。分明地，她既不记得我曾欠她两毛钱存车费的事了，也不记得我和她曾想买下同一本词典的事了。可也是，这地方每天有一二百人存取自行车，她怎么会偏偏记得我呢？对于那个外地的看自行车的女人，这显然是一份比牙科医院门前收入多的工作。我看出她脸上有种心满意足的表情。那套迷彩服和那顶迷彩单帽，仿佛是她看自行车时的工作装，照例穿戴着。依然赤脚穿着那双旧布鞋，依然用一只绿色的帆布小书包装存车费。

“不用啊，不用啊，”她又不好意思起来，硬塞还给了我两毛钱。我觉得，她特别希望给在这里存自行车的人一种良好的印象。我将装蒸锅的纸箱夹在车后座上，忍不住问了她一句：

“来北京多久了？”

“还不到半年。”

“家乡的日子怎么样呢？”

“不容易过啊……再加上我儿子又上了大学……”

她将大学两个字说出特别强调的意味，顿时一脸自豪。

我推自行车下人行道时，感觉后轮很轻。回头一看，见她的一只手替我提着后轮呢。骑上自行车刚蹬了几下，纸箱掉了。那看自行车的女人跑了过来，从书包里掏出一截塑料绳……

这句动作描写，表现出她的什么性格特点？

北京下第一场雪后的一天晚上，北影一位退了休的老同志给我打电话，让我替他写一封表扬信寄给报社。他要表扬的，就是那个看自行车的女人。他说他到那家商场去取照片，遇到熟人聊了一会儿，竟没骑自行车走回了家，拎兜也忘在自行车筐里了……

“拎兜里有几百元钱，钱倒不是我太在乎的，我一共洗了三百多张老照片啊！干了一辈子摄影，那些老照片可都是我的宝呀！吃完晚饭天黑了我才想起来，急急忙忙打的去存车那地方，你猜怎么着？就剩我那一辆自行车了！人家看自行车那女人，冷得受不了，站在商店门里，隔着门玻璃，还在看着我那辆旧自行车！而且，替我将我的拎兜保管在她的书包里。人心不可以没有了感动呀，是不是？人对人也不可以不知感激，是不是……”

这件事表现了她什么可贵品质？

北影退了休的摄影师在电话里恳言切切。

我满口应承照办，然而过后事一多，所诺之事竟彻底忘了。

不久前我又去那家商场买东西，见看自行车的人已经换了，是一个外地的男人了。

我问原先那个看自行车的女人呢？

他说走了。

我心黯然，替那看自行车的女人。并且，也有几分替她那在一所默默无闻的大学里读书的儿子……

我想问她到哪里去了？张张嘴，却什么也没有再问。

这段表现出“我”对她未来境遇的牵挂和怜悯，亦是对她最大的尊重。

我不知她从农村来到城市，除了看自行车，还能干什么。如果她仍在北京的别处，或别的城市里做一个看自行车的人，我祈祝她永远也不会再碰到什么欺负她的人，比如那个抢夺了她书包的胖女人。

（有删节）

学习提示

本文着眼于一位生活艰难、任劳任怨、尽职尽责、不昧钱财的看自行车的女人，表达了作者对其可贵的品质的敬意。

文章娓娓道来，平实如话，综合运用多种描写方法。文中也表现了作者的理性思考，请找到相关语段，并说说文章带给你的启发。

1. 小偷、车夫和老头

⊙萧　红

木柈[1]车在石路上发着隆隆的重响。出了木柈场，这满车的木柈使老马拉得吃力了！但不能满足我，大木柈堆对于这一车木柈，真像在牛背上拔了一根毛，我好像嫌这柈子太少。

“丢了两块木柈哩！小偷来抢的，没看见？要好好看着，小偷常偷柈子……十块八块木柈也能丢。”

我被车夫提醒了！觉得一块木柈也不该丢，木柈对我才恢复了它的重要性。小偷眼睛发着光又来抢时，车夫在招呼我们：

“来了啊！又来啦！”

郎华招呼一声，那竖着头发的人跑了！

“这些东西顶没有脸，拉两块就得了吧！贪多不厌，把这一车都送给你好不好？……”打着鞭子的车夫，反复地在说那个小偷的坏话，说他贪多不厌。

在院心把木柈一块块推下车来，那还没有推完，车夫就不再动

① 柈（bàn）：柈子，大块的劈柴。

手了！把车钱给了他，他才说："先生，这两块给我吧！拉家去好烘火，孩子小，屋子又冷。"

"好吧！你拉走吧！"我看一看那是五块顶大的，他留在车上。

这时候他又弯下腰，去弄一些碎的，把一些木皮扬上车去，而后拉起马来走了。但他对他自己并没说贪多不厌，别的坏话也没说，跑出大门道去了。

只要有木柈车进院，铁门栏外就有人向院里看着问："柈子拉（锯）不拉？"

那些人带着锯，有两个老头也扒着门扇。

这些柈子就讲妥归两个老头来锯，老头有了工作在眼前，才对那个伙伴说："吃点吗？"

我去买给他们面包吃。

柈子拉完又送到柈子房去。整个下午我不能安定下来，好像我从未见过木柈，木柈给我这样的大欢喜，使我坐也坐不定，一会儿跑出去看看。最后老头子把院子扫得干干净净的了！这时候，我给他工钱。

我先用碎木皮来烘着火。夜晚在三月里也是冷一点，玻璃窗上挂着蒸气。没有点灯，炉火颗颗星星地发着爆炸，炉门打开着，火光照红我的脸，我感到例外的安宁。

我又到窗外去拾木皮，我吃惊了！老头子的斧子和锯都背好在肩上，另一个背着架柈子的木架，可是他们还没有走。这许多的时候，为什么不走呢？

“太太，多给了钱啦？”

“怎么多给的！不多，七角五分不是吗？”

“太太，吃面包钱没有扣去！”那几角工钱，老头子并没放入衣袋，仍呈在他的手上，他借着离得很远的门灯在考察钱数。

我说：“吃面包不要钱，拿着走吧！”

“谢谢，太太。”感恩似的，他们转过身走去了，觉得吃面包是我的恩情。

我愧得立刻心上烧起来，望着那两个背影停了好久，羞恨的眼泪就要流出来。已经是祖父的年纪了，吃块面包还要感恩吗？

2. 那一排钻天杨

⊙肖复兴

四十多年前，我家搬到北京陶然亭南。附近马路旁有一排新栽不久的钻天杨，瘦弱的树后有两间同样瘦弱的小平房，这是一家小小的副食品商店，卖些油盐酱醋，同时兼管每天牛奶的发送。

母亲那一阵子大病初愈，我给她订了每天一袋牛奶。由于每天到那里取奶，我和店里的售货员很熟。其中一位很年轻，刚来不久。她面容清秀，长得纤弱，快言快语。熟了之后，她曾经不好意思地告诉我：没考上大学，家里非催着赶紧找工作，只好到这里上班。

知道我在中学里当老师，她让我帮她找一些高考复习材料，想明年接着考。她又听说我爱看书，还写点儿东西在报刊上发表，对我另眼相看。

那时候，买麻酱要证，买香油要票，带鱼则只有过春节才有。打香油的时候，都得用一个老式的长把儿小吊勺作为量器，盛满之后，通过漏斗倒进瓶里，手稍微抖搂[①]一下，就会使盛进瓶里的香

① 抖搂：振动衣、被、包袱等，使附着的东西落下来。

油的分量大不相同。每次我去打香油，她都会满满打上来，动作麻利。每次我去买带鱼，她会把早挑好的宽一些的带鱼，从台子底下拿给我。我感受到她的一番好意。

除了书和杂志，我无以相报。好在她爱看书。我就把看过的杂志和旧书借给她看。她见到我就叫我肖老师，我管她叫小冯同学。

她曾经悄悄地对我说她不喜欢待在这么个小店里卖一辈子香油、麻酱和带鱼，告诉我想复读，明年重新参加高考。

刚恢复高考的那一年，她参加了高考，没考上。第二年又去高考，结果差的分比前一年还多。从此以后，她不再提高考的事了。

我读大学期间，很少回家，和她见面少了，几乎断了音讯。

六年过后，正是文学复兴的时期，我家有很多文学杂志，把床铺底下挤得满满堂堂。便想起了这位小冯同学，她爱看书，把这些杂志送给她正好。

我来到副食店，一眼就看见她坐在柜台里。看见我进来，她忙走了出来，笑吟吟地叫我。我这才注意到，她挺着个大肚子，小山包一样。

我把杂志给了她，说："家里还有好多，你这样子不方便到我家去拿，待会儿我给你送来！"她一摆手说："那哪儿行啊！那显得我的心多不诚呀！"便跟着我回家抱回好多本杂志，我只好帮她提着一大摞，护送她回到副食店，对她说："这么沉，你怎么拿回家？"她说："一会儿打电话，让孩子他爸来帮我扛回家。这可是我们一家三口的宝贝呀！"说完，她咯咯又笑了起来。

那天告别时，她挺着大肚子，特意送我走出副食店。正是四月开春的季节，路旁那一排钻天杨的枝头露出了鹅黄色的小叶子，迎风摇曳，格外明亮打眼。在这里住了小九年，我似乎是第一次发现这钻天杨的小叶子这么清新，这么好看。

从那以后，我再没见过小冯同学。

前些日子，我参加一个会议，到一座宾馆报到。那座宾馆宽阔的大厅里，从天而降的瀑布一般的吊灯，晶光闪烁。一位身穿藏蓝色西式职业裙装的女士，大老远挥着手臂径直走到我的面前，伸出手来笑吟吟地问我："您是肖老师吧？我是小冯呀！"看我盯着她发愣，她补充道："陶然亭南附近那个副食店的小冯，您忘了吗？"

我忽然想起来了，但是，真的不敢认了，她似乎比以前更漂亮了，也显得比实际年龄要年轻许多。

她说："我是专门等您的，我在会议名单上看到您的名字，就一直等着这一天呢！我和您有三十多年没有见了。今晚，我得请您吃饭！我已经定好了房间！您可一定等着我呀！"

晚餐丰盛又美味。边吃边谈，我知道了她的经历：生完孩子没多久，她就辞掉副食店的工作，在家带孩子。孩子上幼儿园后，她不甘心总这么憋在家里，便和丈夫一起下海经商，赔了钱，也赚了钱，最后合伙投资承包了这个宾馆，她忙里忙外，统管这里的一切。

告别时，我问她，那个小小的副食店，现在还有吗？

她忍不住又笑了起来："芝麻粒那么大的副食店，现在还能有吗？早被连锁的超市取代了。那一带，二十多年前就都被拆平，盖起了高楼大厦。不过，副食店前路旁那一排钻天杨，倒是没有被砍掉，现在都长得有两三层楼高了，已经成了那个地带的一景儿了呢！”

钻天杨，她居然还记得那一排钻天杨。

蒙学的由来

蒙学，是古代对儿童进行启蒙教育的学校，相传在商周时期已建立。《大戴礼记·保傅》：“古者年八岁而出就外舍，学小艺焉，履小节焉。”《礼记·内则》：“十年，出就外傅，居宿于外，学书计。”

汉代称具有蒙学性质的学校为“书馆”“学馆”“书舍”等。儿童八九岁入学，学习《仓颉》《急就》等字书及《孝经》《论语》。蒙学没有固定的修业年限，采用个别教学，属私学性质。

3. 悠长的铃声

⊙毕淑敏

雨天，是城市的忌日。

花花绿绿的伞，填满每条街道，到处堵车。我大清早出门，赶到读书的学院，还差一分钟就要上课了。

“今天你晚了。”看大门兼打铃的老师傅说。他瘦而黑，像一根铁钉。别的同学都住校，唯我走读。开学才几天，他这是第一次同我讲话。

“不晚。”我撒腿就跑。从大门口到教室的路很漫长，就是速度再快也来不及。课堂纪律严格，我只是想将损失减少到最小。

上课的铃声在我背后响起来了，像一条鞭子，抽我的双腿。有一瞬，几乎想席地坐下，喉咙里发咸，仿佛要吐出血来。迟到就迟到吧！纪律虽严，健康还是最重要的！

我的脚步迟缓下来，仿佛微风将息的风车。然而铃声还在宁静而悠远地响着，全然没有即将沉寂的细弱。

只要铃声响着，我就不该停止奔跑，我对自己说。

终于，到了。

老师和同学们都在耐心地倾听着，等待铃声的完结。

放学时，我走过大门，很想向老人表示感谢。可是，说什么好呢？说谢谢您把铃绳拽得时间那么长吗？我想在学府里，最好的谢意莫过于知识者对普通人的尊敬，便很郑重地问："老师傅，您贵姓？"

"免贵。"然后，他告诉我姓氏。

我的脑幕上管记忆一般人姓氏的区域，似乎被虫蛀过，总是容易搞错。不过，这难不住我，我创造了联想方式。比如，听了看门师傅的姓氏，我脑海中就幻化出花果山水帘洞的景象。这法子秘不传人，却是百试百灵的。

上学三年，我认真称呼他的机会并不多。唯有恰恰赶在上课铃响之时，我经过校门，才会恭恭敬敬地称他一声："侯师傅好！"

若是他一个人，会冲着我宽厚地笑笑。有时围着做饭、植花的其他师傅，我便格外响亮地招呼他，表示我对他的尊重。周围的人看着他嬉笑，他就不好意思地低下头。其后，便会有悠长的铃声响起，像盘旋的鸽群，陪伴我走进教室。

当我伸直双腿安稳地坐在课桌前，铃声才像薄雾一般散去。

"看门的老头拽着铃绳睡着了。"同桌说。

只有我知道这秘密，但我永远不会说。说出来，便破坏了这一份温情，这一番默契。

终于，我以优异的成绩和良好的品行毕业于学院。我拎着沉重的书包走出校门，最后一次对铁钉样的老人说：“侯师傅好！”他瞅瞅四周无人，很贴切地靠近我：“你就要走了，我想同你说一件事。”

我稍稍后退了一步：这个老头，要做什么？凭着有几次将铃声响得久远，便要有求于我吗？

“你不要放在心上。”他果然踌躇了，“我只想告诉你……唉，不说了……不说了……”他苍老的头颅在秋风中像芦花一般摆动着，脸色因为窘迫，像生了红锈。

“到底是什么事呢？”我的好奇心发作了。

“他们说你是成心的，我说不是……”老人舔了一下嘴唇，好像那里粘着一粒砂糖，慈善地看着我。

“您快说嘛！侯师傅！”听这口气，与我有关，忙不迭地追问。

“你千万别介意……我不是姓侯，我姓孙……”

4. 独腿人生

⊙罗伟章

应朋友之约，去他家议事。这是我第一次上他家去。朋友住在城南一幢别墅里。别墅是为有私车的人准备的，因此与世俗的闹市区总保持一段距离。我没有私车，只得乘公交车。下车之后，要到朋友的别墅，若步行，紧走慢赶，至少也要40分钟。眼看约定的时间就快到了，我顺手招了一辆人力三轮车。

朋友体谅我的窘迫，事先在电话中告知：若坐三轮，只需3元。为保险起见，我上车前还是问了价。“5元。”车夫说。我当然不会坐，可四周就只有这辆三轮车。车夫见我犹豫，开导我说：“总比坐出租合算吧，出租车起价就是6元呢。”这个账我当然会算，可 5 元再加 1 元，就是3元的两倍，这个账我同样会算。我举目张望，希望再有一辆三轮车来。车夫说：“上来吧，就收你3元。”这样，我高高兴兴地坐了上去。

车夫一面蹬车，一面以柔和的语气对我说：“我要5元其实没多收你的。”我说：“人家已经告诉我，只要3元呢。”他说：“那是因为你下公交车下错了地方，如果在前一个站，就只收 3 元。”随后，他立即补充道：“当然，我还是收你3元，已经说好的价，就不会变。我是说，你以后来这里，就在前一站下车。”他说得这般诚恳，话里透着关切，使我情不自禁地看了看他，他穿着这座城市经营人力三轮车的人统一的黄马甲，剪得齐齐整整的头发已经花白了，至少有55岁的年纪。

车行了一小段路程，我总觉得有点不大对劲，上好的马路，车身却微微颠簸[①]，不像坐其他人的三轮车那么平稳，况且，车轮不是滑行向前，而是向前一冲，片刻的停顿之后，再向前一冲。我正觉得奇怪，突然发现蹬车人只有一条腿！

他失去的是右腿。一截黄黄的裤管，挽一个疙瘩，悬在空中，随车轮向前“冲”的频率前后晃荡着。他的左腿用力地蹬着踏板，为了让车走得快些，臀部时时脱离坐垫，身子向左倾斜，以便把所有的力量都用在左腿上。

我猛然间觉得很不是滋味，眼光直直地瞪着他的断腿，瞪着悬在空中前后摇摆的那段黄黄的裤管。我觉得我很不人道，甚至卑鄙。我刚三十出头，有一百三十多斤的体重，体魄强壮，而他比我大二十多岁，身体精瘦，且只有一条腿，从他左腿并不肥大的裤管随风飘动的情形，我猜想他唯一的好腿一定瘦得可怜。然而，我却大模大样地坐在车上，让他用独腿带我前行。我的喉咙有些发干，心胸里被一种奇怪的惆怅甚至悲凉的情绪纠缠着，笼罩着。我想对

---

① 颠簸（bǒ）：上下震荡。

他说："不要再蹬了，我走路去。"我当然会一分不少地给他钱，可我又生怕被他误解，同时，我也怕自己的做法显得矫情，玷污了一种圣洁的东西。

前面是一带缓坡，我说："这里不好骑，我下车，我们把车推过去。"他急忙制止："没关系，没关系，这点坡都骑不上去，我咋个挣生活啊？"言毕，他快乐地笑了两声，身子便弓了起来，加快了蹬踏的频率。车子遇到坡度，便倔强地不肯前行，甚至有后退的趋势。他的独腿顽强地与后退的力量抗争着，车轮发出"吱吱"的尖叫，车身摇摇晃晃，极不情愿地向前扭动。我甚至觉得这车也是鄙夷我的！它是在痛恨我不怜惜它的主人，才这般固执的吗？车夫黝黑的后颈上高高绷起一股筋来，头使劲地向前耸，我想他的脸一定是紫红的，他被单薄的衣服包裹起来的肋骨，一定根根可数。他是在跟自己较劲，与命运抗争！

坡总算爬上去了，车夫重浊地喘着气。不知怎么，我心里的惆怅和悲凉竟然了无影踪。我在为他高兴，并暗暗受着鼓舞。在我面前的，无疑是一个强者，他把路扔在了后面，把坡扔在了后面，为自己"挣"来了坦荡而快乐的生活。

待他喘息稍定，我说："你真不容易啊！"

他自豪地说："这算啥呢！今年年初，我一口气蹬过八十多里，而且带的是两个人！"

我问他怎么走那么远。

他说："有两个外国人来成都，想坐人力车沿二环路走一趟，看看成都的风景。别人的车他们不坐，偏要坐我的车。他们一定以为我会半路出丑的，没想到，嘿，我这条独腿为咱们成都人争了气，为中国人争了气！”

我不知道该说什么好，既心酸，又豪迈，是那种近乎悲壮的情感。

车夫又说：“下了车，那两个外国人流了眼泪，说的什么话我也不懂，但我想，他们一定不会说我是孬种。”

不由自主地，我又看着他的那条断腿。我很想打听一下他的那条腿是怎么失去的，可终于没有问。事实上，这已经无关紧要了。他已经断了一条腿，那条独腿支撑起了他的人生和尊严，这就足够了。我想，如果那条断腿也有在天之灵，它一定会为它的左腿兄弟感到骄傲，一定会为它的主人感到自豪。

离别墅大门百十米远的距离，车夫突然刹了车。“你下来吧。”他说。

我下了车，给他5元。

他坚决不收：“讲好的价，怎么能变呢？你这叫我以后咋个在世上混啊？”

我没勉强，收回了他找给的两元钱。

我正要离去时，他不好意思地说：“我本来应该把你送进门的，可那是一幢高级别墅，往别墅里去的人，至少应该坐出租车啊……我怕你被朋友看见……”

我的眼泪流了下来。我天生是不大流泪的人。

朋友果然在大门边等我。他望着远去的车夫说：“你为什么不让他送拢！那些可恶的家伙总是骗一个是一个！你太老实了。”

议事完，朋友留我吃饭，我坚决拒绝了。

我徒步走过了那段没有公交车的路程。我从来没有与自己的两条腿这般亲近过，从来没有觉得自己的两条腿这般有力过。

国子监

国子监是我国古代最高学府和教育管理机构。晋武帝司马炎始设国子学，后来隋炀帝将名称改为国子监。唐宋时期，国子监作为国家教育管理机构，统辖其下的国子学、太学、四门学、律学、书学、算学和广文馆。

明清两代，国子监兼有国家教育管理机构和最高学府的双重性质。国子监里职位最高的是祭酒，其余有司业、监丞等人员。入国子监学习的人叫作监生，明代的监生因入学资格不同而分为举监、贡监、荫监、例监四类，当时还有外国留学生在监就读，称为夷生。

5. 哈提雅的第 28 个馅饼

⊙乔　叶

天上不会掉下馅饼。在碰到哈提雅之前，我是一直信奉这句话的。

2004年秋天，我随河南作家代表团去西部采风。在吐鲁番下了火车，第一站是高昌故城。

如今的高昌故城已然是一片巨大的废墟了，不然也不会叫作故城。下了旅游车，在等着导游买票的工夫，我站在入口处向里张望。

“阿姨。”有人拽我的衣襟。我皱皱眉，今天穿了一件白色的衣服，很不耐脏的。

一回头，我看见一个典型的维吾尔族小姑娘。高高的鼻子，深陷的眼窝，长长的睫毛，黄色的纱裙外罩着一件玫红色的小坎肩儿，戴着镶着珠片的黑色小帽，手里拎着一串铃铛做的饰物。噢，她是向我兜售东西来了。我摇摇手。

“阿姨。”她又叫。

“什么事？”我只好搭腔。

“你是第一次来这里吧？”她的普通话很生硬。

“是。”

“你是老师吗？”

“我当过老师。”我有点儿惊诧。我有过四年的乡村教书的历史，可她怎么能看出来？

“你一看就像老师，像好人。”她甜甜的小嘴很会说。

“你很漂亮。”她继续进攻。我都有些替她着急了，心想干脆买一个。

“你的东西怎么卖？”我问。

她解下一个，递给我：“给你。”

“多少钱？”

“不要钱。”

我不理她，径自去掏钱包。她拦住我，态度很认真地说：“真的不要钱。”

“那我也不要。”我也很干脆地说。不要钱从另一个意义上讲就是最贵的，这么没谱儿的事情，我不做。

导游已经在招呼大家了。我随着队伍进去，朝她挥挥手。

玩了两个多小时走出来，我一眼就看见了那个小姑娘。她就在出口处站着呢，立马就跟上了我。

“给你。”她又来了。

我仍然没要。沿着周围的小摊走了一圈，我了解了一下这种铃铛的价格，要价最高的是5元。于是，当她再次递给我的时候，我把5元钱递给她。

“不要钱。”她着急地说，“送你的。”

“送我？为什么？”

“因为你是老师，好人。”

我笑。

“我真的不要钱，真的。”她耐心地劝说着我，“我经常送东西给我喜欢的客人。”

我接过那个铃铛，吊坠上刻着一只老鼠。我正好就是属鼠的。她看出了我的疑惑，指指我的胸前。我戴着一个鼠头木制项链。这个鬼灵精！

“好，我收下了。”我说。我打定主意，等上车后把钱从车窗递给她。

我和她合了影，答应把照片寄给她。然后我去买丝巾，她依然跟着我，告诉我说什么样的丝巾是好的……导游开始催促上车，我上了车。

车开动了，我和她在车窗处依依惜别。我握住她有些脏的小手，把钱也握了过去。她一怔，明白了。泪水一瞬间从她的眼眶里涌出来。

“不要！老师！”她举着钱喊，然后她奔跑起来，跟着我们的车。车轮喷吐出的灰尘扑向她的小脸，很快把她的泪痕遮盖起来。然而更多的泪又冲下去，她的脸上很快就变得模糊一片。

司机把车停下来。全车的人都望着我，我艰难地把脸转向她。

我走下车，接过她手里的钱。她笑了，满是灰尘的小脸笑得像一朵淡黄色的雏菊。

“你必须告诉我，你喜欢什么？回家之后我也要寄礼物给你。”我说。

她推辞了半天，直到我以不要铃铛威胁她，她才羞涩地告诉我她喜欢文具和书。在我的要求下，她写下地址。

从新疆回来，我洗好了照片，买了一套童话集和文具，想邮寄却发现地址找不到了。最后我还是寄了出去，地址是“新疆吐鲁番高昌故城哈提雅（收）”。

一个月之后，我收到了一大包葡萄干，还有一封信。信很短：

阿姨，谢谢你的礼物。我很高兴。听很多人告诉我说有我的包裹，跑了好多家才找到。我送了28个铃铛，你是第一个寄礼物给我的人。你长得很像我的汉族老师。她去年来我们这里当志愿者，非常支持我们上学。后来她走了，我就不再上学了。我很想她。我想只要我好好读书，就有机会去看看外面的世界。

读着信，我呆住了……

她给我的，确实是一块香醇的馅饼。这块馅饼是她和她的汉族志愿者老师共同做的，我只是一个享用者，但是我把这块馅饼糟蹋了。

哈提雅，请不要像我，还有我们——你送礼物的这28个。那27个，都是怎么想的呢？都是怎么看待你的礼物的呢？在他们的意识里，大约也都认为自己是经遍世事的聪明人吧？

平生第一次，我开始为自己一向得意的所谓智慧和经验而自卑起来。我方才发现：虽然我四处游历，但我心舌的感觉已经逐渐荒芜成为一座巨大的废墟，如高昌故城。而她虽然守着高昌故城，但她小小的心啊，却是一片纯美碧青的无垠草场。

哈提雅，你以自己都不知道的方式让我品尝了世界上最美味的馅饼——这第28个馅饼。

太 学

太学是我国古代的大学。其名始于西周。周王室的太学以南北东西中的方向为序，分别称为“成钧”“上庠”“东序”“瞽宫”和“辟雍”。“辟雍”则为其总代称。太学里的主要教学内容是“六艺”——礼、乐、射、御、书、数。当时“学在官府”，只有贵族子弟才能入学。

太学的学生，历代称谓不一，有称“博士弟子”的，有称“太学生”和“诸生”的。太学以儒家“五经”作为基本教材，讲授“孔子之术，六艺之文”。历代太学都制定有规章制度，严禁各种“离经叛道”的思想行为。

单元学习任务

任务一

学贵有疑。我们阅读每篇文章的标题或内容时，往往会产生一些问题或对文章内容进行猜想。阅读本单元的文章，你会有怎样的问题或者猜想？

篇名：	篇名：
问题或猜想：	问题或猜想：

任务二

本单元文章的开头、结尾的文字各有特色，有很多语句值得品味。请找出你认为值得分享的语句，并说出推荐的理由。（可以从开头、结尾的作用等方面来写理由）

文章题目	作者	分享的语句	推荐理由

任务三

借鉴本单元文章综合运用多种描写方法对人物进行描写的写法，选择身边的某个人物，写一个片段。可以表现人物的内心活动，也可以表现人物的品质等，不少于200字。

岁月艰辛

悠悠岁月，时间无声无息地流逝，走过春夏，走过秋冬。生活的劳碌、奋斗的辛苦、创业的艰难……多少年轮记录了多少沧桑。但是，生活不是用来妥协的，你退缩得越多，能让你喘息的空间就越有限；日子不是用来将就的，你表现得越怯懦，能让你感到幸福的东西就会离你越远。拼搏令生活充满生机，责任让生命充满意义，压力使我们不断成长。其实奋斗也是一种幸福，不是吗？

阅读本单元文章，同学们要注重熟读深思。很多文章的开头简洁有力，结尾蕴含情思，阅读时要关注这些语句。

1. 远　行

⊙李森祥

一走进大溪滩，就能望见我家的屋，望见那扇开启着的门。门像掉光了牙齿的老人之口，像是要说什么，又像是什么也不想说。有时，我觉得门总是在等。

我去县城参加征兵体检，合格了。该怎么向父亲母亲说呢？他们愿意儿子离开那么长久吗？

母亲坐在门槛上，两手抵在下巴上，神情恍惚。听我叫她一声，眼睛就有些红了，扯起围裙揩眼角，叹了口气说："你一定验上了。"母亲说完就离开门槛去烧夜饭。

我就坐在母亲坐过的地方，屁股下面热烘烘的。父亲声音很低地说："你娘等你半天了。"

第二天起，我就发觉，芋艿、薯丝炒辣椒、大白菜，这些平日里我最爱吃的菜，几乎每顿都有。我对母亲说："你不用搞这搞那了，我又不是客人，我是你儿子。"母亲说："儿子出门就是客。娘对不住你。人家儿子上大学出远门，都要办一桌酒肉饭的。娘办不起，你别怪。”

母亲杀了一只鸡，这是我们家唯一的鸡。这鸡过年要派大用，母亲却将它杀了。她像是早有准备，把弟弟妹妹都支开，才端出鸡让我吃。我怎么咽得下？我坚持全家人一起吃，不然，我一口也不吃。母亲只好让步。吃的时候，弟弟妹妹们却都不肯往鸡肉里动筷子。后来我发现母亲的眼睛都在往弟弟妹妹们的脸上瞟。

我离家的日子快到了，母亲越发忙，门槛上跨进跨出的，忙得她平日里最喜欢坐的门槛也不坐了。

终于到了这天。早晨，我睁开眼时，看到我脑袋旁摆着一套崭新的蓝卡其布中山装。这是母亲的习惯。每年过年时，母亲总是在年夜里在我枕头旁悄悄放上一套新衣，让我能穿着新衣去和村里的小伙伴们比谁的衣服做得好。比过了，就疯玩。常常是，新衣服穿一天就弄得很脏或把扣子绷掉了。晚上，母亲一边给我钉扣子，一边埋怨我：“你这孩子，娘给你做套衣服不容易，你怎么一点都不爱惜……”今天，我又穿上新衣服了。我知道该怎么爱惜，却要走了。

村子里的人知道我要走，都来看。屋子里，屋门口，有不少人。房里只有母亲。母亲坐在一只旧的箱柜前，箱柜上翻开一只梳妆盒。梳妆盒是母亲的陪嫁，这几年不大见到她用，梳妆盒很旧了，镜子已经氧化得斑斑点点。母亲的脸映在镜子里，我看到母亲的脸也斑斑点点。母亲很耐心、很仔细地梳着头，头发滋滋的。母亲将扑了水的头发梳得很光鲜。

母亲见我很仔细地看她，就不好意思地一笑说：“娘老了。”我连忙说："娘不老。"

娘就笑笑。结果一笑笑出满脸皱纹。

我见了，心里怦然一动，眼眶里热热的，便连忙退出房门。

该上路了，门外有很多人送我。当我一脚跨出门槛的时候，无意之中碰了一下我家的木门，木门"吱——嘎"叫了一长声。后来，这一声也很深地刻进我心里。

突然，有个女人叫了一声，说："你们家今天跟过年一样。"我发现，我们家人人都穿着新衣服，的确跟过年一样。

我走到母亲与父亲面前，想唤他们一声，结果喉咙里像堵着什么，只是低低说一声，我去了。我点点头，父母亲也就点点头。

我在大溪滩的旷野里，再一次回头，再一次遥望我家的门。我母亲穿着新衣，梳着很光鲜的头，倚在木门上。父亲坐在门口，猛抽旱烟。

从这时起，我不知道，父母以及那扇我走进走出的门是离我近了还是开始遥远了……

2. 草帽是父亲的徽饰

⊙段奇清

草帽的世界，是一首温婉美丽的诗。

回首数十年前的父亲，虽然对父亲的容颜模样已不再十分清晰，但象征父亲精神家园的草帽，常常从麦梢的朝朝暮暮里走来。永远的父爱，携带阳光、汗水，淌过我思念的河。

父亲是农人，戴着草帽，弯着腰，在土地上劳作，像极了身下的田地。因而，草帽是父亲的徽饰，也是大地的徽饰。

父亲对草帽一直都非常珍惜。那是三月天，杏花、桃花次第绽放，花事正纷纷攘攘哄闹起来。田地里的麦苗儿，挺一挺身子，农人们听到了它们拔节的声音……几阵春阳暖照，麦苗儿开始吐穗扬花，太阳的威力也一天比一天大起来。这时父亲说，是该去买一顶草帽了！父亲平时购买物什，对好与坏并不很在意，唯独对草帽的要求几近苛刻：一定得是麦子的穗秆儿编织的，因为这样的草帽一绺绺圈绕着，细密非常，也白亮得耀眼。

草帽买回后，父亲还要拿了细密的白布，给草帽的圈沿缝上，要缝上的还有帽肚儿，因为这些地方是最容易破损的。父亲说，先祖们为探索香甜的麦子，胼手胝足[①]，甚或血迹斑驳。一顶草帽，一根根麦秆儿，编织着先祖们对美好的无限向往；珍惜草帽，就是对远古祖先筚路蓝缕[②]的敬慕，也是对现代农人们的尊敬。

但是，一顶草帽总也敌不过岁月的敲打侵蚀。雨来时，雨水敲出流逝的音符，“噗噗噗”，草帽的韶华被敲得有几分苍老起来；收割间，火辣辣的太阳穿不透草帽的故事和寓言，却把帽檐敲出了龙钟之态……

要说的是，龙钟之态的只是草帽的形体，不老的却是草帽的魂魄。村人们都说，父亲是村里手最巧的。一天，父亲对我说：“清儿，和我一起去弄一些麦秸来。”是的，父亲要自己来编织草帽。对那些韧性十足的麦秸秆儿进行一番整理修饰后，父亲便拿起它们，像拾掇起一绺绺柔韧苍劲的时光，在手指间绕过来，绕过去，不上半天工夫，一顶草帽就编出来了。初始时，父亲编出的草帽还略显粗糙，编上几顶后，那草帽就非常结实漂亮了，嗬，简直就是一件件精美无比的工艺品！

父亲编出的草帽，除了自己和家人戴，大多数送给了乡亲们。要是乡邻们夸父亲“心好手巧”，父亲黝黑的脸庞上会绽放出璀璨的笑容，如同草帽把一朵朵含香的麦花，氤氲了父亲滴滴汗水和一

①胼（pián）手胝（zhī）足：手和脚都磨出老茧，形容十分辛勤劳苦。

②筚（bì）路蓝缕：形容创业的艰苦。

瓣心香，回馈时光村落对父亲的濡染[1]和滋养。父亲编织出的草帽以特有的亲切、亲昵[2]，在季节的轮齿中穿越一载载光阴，在乡人们的心灵中馨香着。

有一年天大旱，从春到夏，一连百天没下雨。有一天，天空中终于飘来了一大片墨一般的云，雨夹裹着烟雾滚落了下来，乡人们欢呼着！但不到一顿饭的工夫，云儿就如同孙悟空翻了一个筋斗，远去十万八千里。

雨过地皮湿，太阳又开始亮晃晃地炙烤着大地。乡人们这时要做的是如何保住这点儿雨水，让它成为墒[3]土。乡亲们纷纷走进地头，人们知道，夏日下雨的时间太短，太阳又火爆地出来，上烤下蒸，人会感到更加炎热。但父亲等乡人们顾不了这些，在荒野之地或泥水沟中，扯来青草覆盖于地表。可久旱之后，哪里能找到那么多青草呢？

此时，父亲将刚刚编织好的一百多顶草帽从家中一股脑儿搬到农田中来，戴在庄稼的根部。为减缓地里的水分蒸发，父亲甚或把头顶上的最后一顶草帽也摘了，光着头任凭烈日烤晒着……那一百多顶草帽就似一顶顶钢盔，抵挡住了烈日之箭镞[4]的攻击，在太阳下闪闪发着光，宛然父亲闪光的心灵。

由此，在我幼小的心中，明白了父亲为什么一直喜欢与珍惜草

---

① 濡（rú）染：这里指受熏陶。

② 亲昵（nì）：十分亲密。

③ 墒（shāng）：土壤适合种子发芽和作物生长的湿度。

④ 镞（zú）：箭头。

帽，草帽是一种荣誉，而唯有父亲才最有资格戴上这象征着无上荣耀的徽饰。

父亲五十多岁时，在一次抗击“旱魔”中不幸去世，永远离开了他钟爱的家人、亲近的乡邻，还有牵挂着的麦浪。几十年后，我的嗅觉跨越时空的田垄阡陌[1]，在父亲草帽的悠悠香味中寻觅。慈善美丽的灵魂是不是该在另一个世界“羽化而登仙”呢？时光洗去纷扬的尘埃，在对父亲的思念和祭奠中，我仿佛正摔打一粒宿在父亲草帽上的汗珠，这粒汗珠在往生石上开出了一朵朵芳香的麦浪花。

父亲编织的草帽清香了大地宽厚的胸脯，把麦子的思想气息随着南来北往的风雨四处传送。于是，那一顶顶草帽吐纳尽了生命的亘远与辽阔，也芳香明丽着我对生命及人生的认识与感悟。

---

①阡陌（qiān mò）：田地中间纵横交错的小路。

3. 木匠老陈

⊙巴　金

生活的经验固然会叫人忘记许多事情，但是有些记忆经过了多少时间的磨洗也不会消灭。

故乡里那些房屋，那些街道至今还印在我的脑子里。我还记得我每天到学堂去总要走过的木匠老陈的铺子。

木匠老陈那时不过四十岁光景，脸长得像驴子脸，左眼下面有块伤疤，嘴唇上略有几根胡须。大家都说他的相貌丑，但是同时人人称赞他的脾气好。

他平日在店里。但是他也经常到相熟的公馆里去做活，或者做包工，或者做零工。我们家里需要木匠的时候，总是去找他。我就在这时候认识他。他在我们家里做活，我只要有空，就跑去看他工作。

我那时注意的，并不是他本人，倒是他的那些工具：什么有轮齿的锯子啦，有两个耳朵的刨子啦，会旋转的钻子啦，像图画里板斧一般的斧子啦。这些奇怪的东西我以前全没有看见过。一块粗糙的木头经过了斧子劈，锯子锯，刨子刨，就变成了一方或者一条光滑整齐的木板，再经过钻子、凿子等等工具以后，又变成了各种各样的东西；像美丽的窗格，镂[①]花的壁板等等细致的物件，都是这样制成的。

老陈和他的徒弟的工作使我的眼界宽了不少。那时我还在家里读书，祖父聘请了一位前清的老秀才来管教我们。老秀才不知道教授的方法，他只教我们认一些字，呆板地读一些书。此外他就把我们关在书房里，端端正正地坐在凳子上，让时间白白地过去。过惯了这种单调的生活以后，无怪乎我特别喜欢老陈了。

老陈常常弯着腰，拿了尺子和墨线盒在木板上面画什么东西。我便安静地站在旁边专心地望着，连眼珠也不转一下。他画好了墨线，便拿起锯子或者凿子来。我有时候觉得有些地方很奇怪，不明白，就问他，他很和气地对我一一说明。他的态度比那个老秀才的好得多。

家里的人看见我对老陈的工作感到这么大的兴趣，并不来干涉我，却嘲笑地唤我作老陈的徒弟，父亲甚至开玩笑地说要把我送到老陈那里学做木匠。但这些嘲笑都是好意的，父亲的确喜欢我。因此有一个时候我居然相信父亲真有这样的想法，而且我对老陈说过要跟他学做木匠的话。

“你要学做木匠？真笑话！有钱的少爷应该读书，将来好做官！穷人的小孩才学做木匠。”老陈听见我的话，马上就笑起来。

“为什么不该学做木匠？做官有什么好？修房子，做家具，才

---

① 镂（lòu）：雕刻。

有趣啊！我做木匠，我要给自己修房子，爬到上面去，爬得高高的。”我看见他不相信我的话，把它只当作小孩子的胡说，我有些生气，就起劲地争论道。

“爬得高，会跌下来。”老陈随口说了这一句，他的笑容渐渐地收起来了。

“跌下来，你骗我！我就没有见过木匠跌下来！”

老陈看我一眼，依旧温和地说：“做木匠修房子，常常拿自己性命来拼。一个不当心在上面滑了脚，跌下来，不跌成肉酱，也会得一辈子的残疾。”他说到这里就埋下头，用力在木板上推他的刨子，木板查查地响着，一卷一卷的刨花接连落在地上。他过了半晌又加了一句：“我爹就是这样子跌死的。”

我不相信他的话。一个人会活活地跌死！我没有看见过，也没有听见人说过。既然他父亲做木匠跌死了，为什么他现在还做木匠呢？我简直想不通。

“你骗我，我不信！那么你为什么还要做木匠？难道你就不怕死！”

“做木匠的人这样多，不见得个个都遭横死①。我学的是这行手艺，不靠它吃饭又靠什么？”他苦恼地说。然后他抬起头来看我，他的眼角上嵌得有泪珠。他哭了！

我看见他流眼泪，不知道怎么办才好，就跑开了。

不久祖父生病死了，我也进了学堂，不再受那个老秀才的管束

---

① 横（hèng）死：非正常的死亡。

了。祖父死后木匠老陈不曾到我们家里来过。但是我每天到学堂去都要经过他那个小小的铺子。

有时候他在店里招呼我；有时候他不在，只有一两个徒弟在那里钉凳子或者制造别的物件。他的店起初还能维持下去，但是不久省城里发生了巷战，一连打了三天，然后那两位军阀因为别人的调解又握手言欢了。老陈的店在这个时候遭到“丘八[①]”的光顾，他的一点点积蓄都给抢光了，只剩下一个空铺子。这以后他虽然勉强开店，生意却很萧条。我常常看见他哭丧着脸在店里做工。他的精神颓丧，但是他仍然不停手地做活。我听说他晚上时常到小酒馆里喝酒。

又过了几个月，他的店终于关了门。我也就看不见他的踪迹了。有人说他去吃粮当了兵，有人说他到外县谋生去了。然而有一天我在街上碰见了他。他手里提着一个篮子，里面装了几件木匠用的工具。

“老陈，你还在省城！人家说你吃粮去了！”我快活地大声叫起来。

“我只会做木匠，我就只会做木匠，一个人应该安分守己。”他摇摇头微微笑道，他的笑容里带了一点悲哀。他没有什么大改变，只是人瘦了些，脸黑了些，衣服脏了些。

“少爷，你好好读书。你将来做了官，我来给你修房子。”他继续含笑说。

我抓住他的袖子，再也说不出一句话来。他告辞走了。他还告诉我他在他从前一个徒弟的店里帮忙。这个徒弟如今发达了，他却

① 丘八：“兵”字拆为“丘八”，借为兵的代称。

在那里做一个匠人。

以后我就没有再看见老陈。我虽然喜欢他，但是过了不几天我又把他忘记了。等到公馆里的轿夫告诉我一个消息的时候，我才记起他来。

那个轿夫报告的是什么消息呢？

他告诉我：老陈同别的木匠一起在南门一家大公馆里修楼房，工程快要完了，但是不晓得怎样，老陈竟然从楼上跌下来，跌死了。

在那么多的木匠里面，偏偏是他跟着他父亲落进了横死的命运圈里。这似乎是偶然，似乎又不是偶然。总之，一个安分守己的人就这样地消灭了。

书院的由来（一）

书院是我国古代的一种教育机构。它始于唐代，开元六年（718）设丽正修书院，集中了当时全国著名的学者进行写书、讲书活动。

到宋代时，程朱理学崛起后，讲学之风日盛，书院开始大行其道。这时期书院多是私人设立，也有得到官府资助的。北宋著名的书院有六处，即江西庐山的白鹿洞书院、湖南衡阳的石鼓书院、河南登封的嵩阳书院、湖南长沙的岳麓书院、河南商丘的应天府书院、江苏江宁的茅山书院。

4. 父亲的树

⊙陈忠实

大约是一九六〇或是一九六一年，我正上高中，周日回到家。父亲在生产队出早工回来，肩上扛着镢头[①]，手里攥[②]着一株小树苗。我在门口看见，搭眼就认出是一株椿树苗子。坡地里这种野生的椿树苗子到处都有，那是椿树结的荚[③]角随风飘落，在有水分的土壤里萌芽生根，一年就可以长到半人高的树秧子。这种树秧如长在梯田塄坎[④]的草丛中，又有幸不被砍去当柴烧，就可能长成一棵大椿树；如若生长在坡地梯田里，肯定会被连根挖除晒干当作好柴火，怕其占地影响麦子生长。父亲手里攥着的这根椿树苗子是一个幸运者，它遇到父亲，不是被扔在门前的场地上晒干了当柴烧，而是要郑重地栽植，正经当作一棵望其成材的树了，进入郑重的保护禁区了；也自这一刻起，它虽是普通不过

① 镢（jué）头：刨土用的一种农具，类似镐。

② 攥（zuàn）：握。

③ 荚（jiá）：通常指豆类植物的果实。

④ 塄（léng）坎：田地边上的坡儿和田埂子。

平凡不过的一种树，却已经有主了，就是父亲。父亲给我吩咐，你去担水。他说着就在我家门前的场塄边上挖坑。树只是个秧儿，无须大坑，三镢头两铁锨就已告成，我也就没有要替父亲动手，而是按他的指令去担水。

那时候我们村里吃的是泉水，从村子背后的白鹿原北坡的东沟流下来，清凌凌的，干净无染。泉水在村子最东头，我家在村子顶西边，我挑一回水，最快也需半小时。待我挑水回来，父亲早已挖好坑儿，坐在场塄边上抽旱烟。他把树苗置入一个在我看来过大的土坑里。我用铁锨铲土填进坑里，他把虚土踩踏一遍，让我再填，他再踩踏。他教我在土坑外沿围一圈高出地面的土梁，再倒进水去。我遵嘱一一做好，看着土坑里的水一层一层低下去，渗入新填的新鲜土坑里，成活肯定是毫无一丝疑义。父亲又指示我，用酸枣刺棵子顺着那个小坑围成一圈栽起来，再用铁丝围拢固定，恰如篱笆，保护小椿树秧子，防止猪拱牛抵羊啃娃娃掐折。我从场边的柴堆上挑选出一根一根较高的业已晒干的酸枣棵子（这是父亲平时挖坡顺手捡回来的），做着这项防护措施。父亲坐在地上抽烟，看着我做。我却想到，现在属于父亲领地的，除了住房的庄基，就是这块附属于庄基地门前的这一小片场地了，充其量有二厘地。下了这个场塄，就是统归集体的土地了。父亲要在他可以自主掌控的二厘场地上，栽种一棵椿树。

我对父亲的一个尤为突出的记忆，就是他一生爱栽树。我家在河川的几块水地，地头的水渠沿上都长着一排小叶杨树。水渠里大半年都流淌着从灞河里引来的自流水，杨树柳树得了沃土好水的滋养，迎着风如手提般长粗长高。随意从杨树或柳树上折一根枝条，插到渠沿的湿泥里，当年就长得冒过人头了，正如民间说的“三年一根椽[①]，五年长成檩[②]”的速度。20世纪五十年代中期以前，我的父亲就指靠着他在地头渠沿培植的这些杨树，供给先后考上高小和初中的哥和我的学杂费用。父亲把杨树齐根斫[③]下来，卖了椽子，大约七八毛钱一根，再把树根刨出来，剁成小块，晒干，用两只大老笼装了，挑过灞河，到对岸的油坊镇上去卖，每百斤可卖一块至一块两毛钱。我至死都不会忘记五十年代中期的这两项货物——椽子和木柴的市场价格。无须解释原因，它关涉我能否在高小和初中的课堂上继续坐下去。父亲在斫了树干刨了树根的渠沿上，当即就会移栽或插下新的杨树秧或树枝，期待三年后斫下一根椽子卖钱。父亲卖椽卖柴供两个儿子念书的举动无意间传开了，竟成为影响范围很宽的事。

我在每个夏天的周日从学校回到家中，便要给父亲的那棵椿树秧子浇一桶水。这树秧长得很好，新发出的嫩枝竟然比原来的杆子还粗，肯定是水肥充足的缘由。某一个周六下午我回家走到门口，一眼望见椿树苗新冒出的嫩枝折断了头，不禁一惊，有一种心疼的惋惜，猜想是被谁撞折了，或被哪个孩子掐折了。后来就在断折

① 椽（chuán）：椽子，放在檩上架着屋面板和瓦的木条。

② 檩（lǐn）：架在屋架或山墙上面用来支持椽子或屋面板的长条形构件。

③ 斫（zhuó）：砍；削。

处，从东西两边发出两枝新芽来，渐渐长起来。我曾建议父亲，小树不该过早分杈，应该去掉一枝，留下一枝才能长高长直。父亲说，先不急，都让长着，万一哪个娃再折掉一枝，还有一枝。父亲给娃们留下了再破坏的余地，我就不仅仅是听从了，还有某点感动。再说这椿树秧子刚冒出来便遭拦头折断的打击，似乎憋了气，硬是非要长出一番模样来，从侧旁发出的两根新芽更见茁壮，眼见着拔高，竞相比赛一般生机勃勃。父亲怕那细杆负载不起茂盛的叶子，一旦刮风就可能折断，便给树干捆绑一根立杆，帮扶着它撑立不倒不折。这椿树便站立住了。

无意间几年过去，我高考名落孙山回乡当了民办教师，为生活为前程多有波折，似乎也不太在意它了，这椿树已长得小碗粗了。小碗粗的椿树已经在天空展开枝杈和伞状的树冠，却仍然是两根分枝，父亲竟没有除掉任何一根。他说越长越不忍心砍那多余的一根分枝了，就任其自由生长。这椿树得了父亲的宽容和心软，双枝分杈的形态就保持下来，直到现在都合抱不拢的大树，依然是对称平衡的双枝撑立在天空，成为一道风景，甚至成为一种标志。有找我的人向村人问路，最明了的回答就是，门口场塄有一棵双杈椿树。

到20世纪八十年代初始，生活已发生巨大转机，吃饱穿暖已不再成为一个问题的好光景到来时，我已筹备拆掉老朽不堪的旧房换盖新房了，不料父亲发生了绝症。他似乎在交代后事，对我说，场塄上那棵椿树，可以伐倒做门窗料。我知道椿树性硬却也质脆，不宜做檩当梁，做门窗或桌椅却是上好木材。父亲感慨说，我栽了一辈子树，一根椽子都没给自家房子用过，都卖给旁人盖房子了，把这椿树伐下来，给咱的新房用上一回。我听了竟说不出话，喉头发哽。缓解一阵后，我对父亲说，门窗料我会想办法购买（那时木材属统购物资），让椿树长着。我说不出口的一句话是，父亲留给我的活物，就只剩下这一棵椿树了。不久，父亲去世了，椿树依然蓬勃在门外的场塄上。八十年代初，我随之获得专业写作的机会，索性回到原下老家图得清静，读书写作，还住在遇到阴雨便摆满盆盆罐罐接漏的老屋里，还继续筹备盖房。某一天，有两三个生人到村子里来寻买合适的树，一眼便瞅中了我父亲的这棵椿树，向村人打听树的主人。村人告诉说，那主家自己准备盖房都舍不得伐它，你恐怕也难买到手。买家说可以多掏一些钱，随之找到我，说椿树做家具是好材料，盖房未必好，可以多给一些钱，让我去选购枕木这些上好的盖房材料，并说明他们是做家具买卖的生意人。我自然谢绝了。这是绝无商议余地的事。我即使再不济，也不能把父亲留给我的最后一棵树砍了。这椿树就一直长着，直到现在。每隔一段时日抽空回到老家，到门口第一眼看到的就是这棵椿树，父亲就站在我的眼前，树下或门口；我便没有任何孤独空虚，没有任何烦恼，没有任何腌臜①的事能够把人腻死……

每到农历六月，麦收之后的暑天酷热，这椿树便发出一种令人停留贪吸的清香花味，满枝上都绣集着一团团比米粒稍大的白花儿，招得半天蜜蜂，从清早直到天黑都嗡嗡嘤嘤的一片蜂鸣，把一片祥和轻

① 腌臜（ā za）：（心里）别扭；不痛快。

柔的吟唱撒向村庄，也把清香的花味弥漫到整个村庄的街道和屋院。每年都在有机缘回老家时闻到椿树花开的清香，陶醉一番，回味一回，温习一回父亲。今年却因这事那事把花期错过了，便想，明年一定要赶在椿树花开的时日回到原下，弥补今年的亏空和缺欠。那是父亲留给这个世界也留给我的椿树，以及花的清香。

（有删改）

书院的由来（二）

到了元代，各路、州、府都置有书院，逐渐发展为一种类似学校的体制。明代初期书院不兴。后来官学逐渐衰退，成化年间书院开始发展，至嘉靖、万历年间达到高峰。在明代书院中，无锡东林书院最有影响力。

清代对书院先是限制，后又提倡，使绝大多数书院官学化。清朝后期，湖南、湖北两省的书院最为著名，如江汉书院、经心书院、江夏书院、晴川书院等。1890年，湖广总督张之洞创办的两湖书院，是一所具有新式学校规模的书院，书院课程也增添了自然科学科目。1900年，两湖书院改办为两湖师范学校，从此结束了书院的形式。

5. 母　亲

⊙刘醒龙

过年回家，有一种东西总在堵着我的喉咙。

我们是在黄昏时刻到家的。从车窗里望见系着旧抹腰的母亲，孤单地等候在院门外的那一刻，我第一次发觉，一生中最先学会、叫得最多、最了不起的称谓，竟然无法叫出声来。是女儿趴在怀里，冲着奶奶，响亮而又深情地替我叫了一声生命中最爱的母亲。母亲灿烂的笑容，分明是冬日苍茫中最美丽的景致。我的心却紧得很，阵阵酸楚直往眼底涌：国庆节放长假我们曾经回来过，才三个月时间，母亲又老了，并且老得格外厉害，许多次，我在电话中一边同母亲说话，一边想象母亲苍老的模样，眼见为实的母亲让我惊讶不已。在一段时间里，我一直不去看女儿绕在奶奶膝前撒娇并撒欢的模样，只用耳朵去听她们一声声“好奶奶——好孙女”地相互叫着，并相互说着：我好想你呀！在听来的这些动静中，让我略感宽慰的是母亲的笑声，在女儿的亲昵下，甚至还透露出一丝逝去多年的娇媚。

这么多年，记忆中唯一没变的是系在母亲身上的抹腰。母亲40几岁时就病退在家，此后的30年中，一件又一件的抹腰，也就是别处称之为围裙的，就成了她日常生活中最主要的时装。回家之前，妻子拉着我特意去商场为母亲买了一件枣红色绣花中长棉外套，我们非常满意，拿给母亲试穿，母亲也非常满意。初一早上，母亲走出睡房后的模样，竟然没有一个人及时看到。临近中午，大家在院子里晒太阳，我问母亲为何不穿那件新衣服。话刚说完，我就发现，那件新衣服其实早已穿在母亲身上。母亲在穿上新衣服的同时，亦随手系上那件沾着油腻、补有补丁的抹腰。

母亲过分的苍老，主要原因在于父亲。腊月底，二叔带着二婶来武汉医治青光眼，见面后聊起家事，二叔二婶毫不客气地表示，81岁的父亲在所有事情上越来越任性而为，完全是母亲宠坏的。父亲将自己可以有些作为的岁月，全部献给了他的工作。离休后第一个10年，父亲结交了一批钓鱼的朋友。第二个10年，父亲不能钓鱼，只能打些小牌，于是就有了一批老赢他钱的牌友。第三个10年开始后，父亲的体能只够在院子里养养花，仅仅剩下两位爱花的老朋友就成了必然的事。于是，已到了“现在的事记不得、过去的事记得清”阶段的父亲，就用那貌似清醒明白的糊涂，开始了对母亲仿佛不近情理的导演。越来越靠潜意识生活的父亲，迫切需要有人来出演往日工作与生活中相伴过的那些角色。譬如他不让母亲洗被子，母亲没有听信，父亲便夺过被子，放到砧板上，用菜刀剁得稀烂。譬如，锅里的饺子煮好后，两位孙子像请示工作一样去问他，可以吃几个。几经反复，他才哼一声：8个。

母亲是天下最常见的那种任劳但不一定任怨的妻子，心里有委屈，就会在儿女的面前一一数落。吃着母亲亲手做的饺子，心中塞满了母亲这辈子太多的辛苦、辛劳和辛酸。不由得，我们也会跟着母亲抱怨父亲几句。然而，母亲往往不给我们哪怕一丁点的过渡，只要父亲那里有任何动静，她便即刻赶过去，那种敏捷与由衷，每每让满屋子的晚辈自叹弗如。

到家的第二天，我抢先起床，打算做一顿早饭给母亲吃。正在忙碌，母亲出现了。她笑我这么多年没烧煤了，还能记得如何生煤炉子。我也笑，却没有说，因为怕生不着煤炉子，而比她多用了两倍以上的引火木炭。母亲说她整个冬天都不敢烧煤，她那手像豆腐渣，不晓得为什么，只要一沾煤，就会裂得大口子连着小口子。

我想起前年母亲在武汉过年。母亲当时之所以同意在外面过年，是因为那一身折磨她多年的疾病实在不能再拖下去，答应我们年后上医院彻底治一治。为了陪伴母亲，我们要了一间温馨病房。手术之后的母亲从麻醉中醒来，顾不上疼痛就开始后悔，治病哪能像住宾馆。无论我的稿费来得容易和不容易，在母亲看来都不应该如此为她花费。母亲住院的那半个月，是迄今为止，我对她最为孝顺的日子。印象最深的一件事是坐长途客车来看望的大姐，捧着母亲的手说，真像是姑娘的手。那一刻，母亲笑得十分满足。

母亲的手是那乡村沃土，只要一场雪，就会变得风姿绰约光洁照人，然而沃土之意义不是妩媚其表，而在于内里中长久的奉献。此时此刻，不烧煤的母亲双手上那些隐约带血的裂口子，只是稍细了些，会不会少一些都说不准。

大清早，母亲一边和我说着话，一边随手将我正在做的各种事顺手接了过去。而我也像以往每次回家那样，不自主地就顺从了母亲。直到这顿早饭做好后端上桌子，我才重复着从前，在心里责备自己，怎么连这么小的一点事情也替不了母亲哩！守岁的那夜，过了零点，我一再吩咐母亲初一早上好好睡一觉，那些该做的事，由我起床做。一夜好觉被邻居家的鞭炮惊醒，匆匆起来也放了一大串迎新年的开门吉响。我真的不晓得，做儿子的怎么会如此滥用母亲的慈爱，无论我如何告诫自己，到头来一切如故，母亲轻轻地走近来，不用费力争夺，只需稍一抬手，我就放弃了为母亲分担点什么的诺言。

就这样，我伤心地发现一个可能属于天下所有男人的秘密：不要相信儿子对母亲的承诺，不是儿子们不孝顺，只因为母爱太伟大了，做儿子的到老也离不开。

在家的那几天，母亲曾问她的孙女："我到你家去住好吗？"女儿想了想才回答："我家住七楼，奶奶你上得去吗？"女儿没有笑，我也没有笑，唯有母亲在那里开心地笑着，一切答案仿佛都与己无关，就像母亲这辈子所走过的，七十岁、八十岁和一百岁都不是目的，真正属于她的只有这些日复一日让我这做儿子的想得心疼的实在小事。那一天，我将女儿叫到身边，故作神秘地问，将你的奶奶借给我当母亲好不好。女儿明白我在逗乐，一边说奶奶本来就是你的母亲，一边像小猫小狗一样快乐地跑开了。所有的青春少女都是在快乐中渐行渐远，直到无影无踪，留下来陪伴终生的都是不再将爱字说出口来的老母，那才是每一个人的至亲。

贡院的由来

贡院是我国科举时代举行乡试的场所。唐开元二十四年（736），“考功郎中李昂，为士子所轻诋。天子以郎署权轻，移职礼部，始置贡院”。

明清时代，贡院的大堂东西两侧为外帘，供管理人员居住。大堂后为内帘，供试官居住。贡院两侧建号舍，供应试者居住。主考、同考在内，谓“内帘官”，提调、监视官在外，谓“外帘官”，贡院外墙铺设荆棘，故贡院亦称“棘闱”。

6. 怀念祖母

⊙刘武德

祖母何年何月何日生，我不知道。我只记得送走她的日子是1969年春节的前一周。父亲说她活了86岁。

我与祖母在一起的日子很少很少，但她留给我的印象却很深很深。她勤劳节俭的品格是留给我极其珍贵的“遗产”。

祖母生了父亲和叔父。由于社会动乱，家庭变故，叔父投笔从戎，父亲远在长沙苦力谋生，兄弟俩都无力顾及老母。祖母早年丧夫，自食其力。她的生活来源主要靠纺纱和种菜。小时候，我常常睡到半夜醒来，看见祖母还坐在昏黄的油灯下纺棉花，纺车发出“嗡嗡嗡”单调而又沉重的低叹，有时通宵达旦。她就在几十年的纺车转轮中，送走朝雾夕霏，日降月落，生命渐渐流逝，迎来迟暮垂老矣！

讲述祖母的节俭故事，今天的人听起来，可能会觉得是天方夜谭，是离奇的童话。

她寒冬身上穿的那件棉袄，是60多年前20岁出嫁时的嫁衣，我用手一摸，天呐！这哪里是棉衣，硬邦邦的如石似铁，哪有暖和可言？

祖母储藏的食物，封存我记忆中半个多世纪的是那焙鱼。新鲜大草鱼切块油煎，经过数日反复焙干，呈金黄色，香味熏人，而后用陶罐储装。偶尔有客人来，祖母用筷子从陶罐中夹出数枚，或炒大蒜，或炒辣椒，做出一碗上等菜。客人一走，她将碗中的鱼块挑出，再放铁锅焙干，又放回陶罐，以备下回待客。

少时的我，看到金黄的焙鱼，与馋嘴猫无异，好想吃又不敢夹。祖母怜爱地夹一块放进我碗里。我仿佛觉得，这不是鱼块，而是“金块”，油油的、黄黄的、韧韧的，能咀嚼出根根“金丝”来。直至今日回忆起来，口中似乎仍有美味余香。

祖母既省吃又俭用，她曾对我的训导，让我刻骨铭心。

那时的火柴两分钱一盒，她都舍不得用，用“火绳”点火。火绳，今天大家都陌生，不知是何物，它是自制的引火源。秋天收获番薯后，将薯藤浸泡鱼塘中，数日后，捞起晒干，搓成薯藤绳，绕成圈，一头点着火，若要生火，用口一吹，出现油灯状的明火，然后点燃茅草扔进灶膛，便可煮饭炒菜。火绳日夜不熄，挂在灶边的墙上，随时可用。

有一天，来客人了，祖母炒菜，要我帮她烧火。我不愿吹火绳生火，就从灶门旁的小洞里掏出火柴，当时正值春季反潮，划了一根没点着，划第二根火药头脱落，我抽出第三根用力一划，火柴梗断了。“哎呀呀……”站在一旁的祖母再也忍不住了，怒气冲冲地夺下我手中的火柴盒塞回小洞说：“太可惜了！”

随后，她左手从墙上取下火绳，使劲一吹，明火闪亮，将右手握的干草点燃丢进灶里……我很不服气地回敬：“不就是两分钱吗？”

“我的两分钱从哪里来？”反问如铁铊扎在地上。这句话，当时我不甚了了，后来长大了，我才逐渐明白它的内涵，理解它的深意，领悟它的哲理，读懂她生活的艰辛。祖母强有力的反问与那盒回潮的火柴一直在我生活中闪现，时不时给我传递智慧与力量。

祖母远去近50年了。我怀念她。我经常异想天开，如果她今天还活着，我要为她买新的床具，寒冬垫的盖的，软软的、轻轻的、暖暖的；还要为她缝制新的冬装，软软的、轻轻的、暖暖的……但是，一切都无法实现，这，只是我美丽的愿望，伟大的空话罢了。

我看见慈祥的祖母在对我微笑。

以事寓理

“寓深刻于浅易，寓哲理于故事。”以事寓理的好处是可以避开空洞的议论和抽象的说理，把深奥的道理寓于通俗的故事中，让读者在春风化雨中获得生活启迪，达到发人深省、令人心领神会的目的。

本单元文章虽然篇幅短小，但是每一篇文章的情节都一波三折，意味深长。用心品读这些小故事，注意找到引发思考的点，学会辩证地思考问题。

1. 伤[①] 仲永

⊙〔宋〕王安石

金溪[②]民方仲永，世隶[③]耕。仲永生五年，未尝[④]识书具[⑤]，忽啼求之。父异焉，借旁近[⑥]与之，即书诗四句，并自为其名。其诗以养父母、收族[⑦]为意，传一乡秀才观之。自是指物作诗立就，其文理皆有可观者。邑人[⑧]奇之，稍稍宾客其父，或以钱币乞之。父利其然[⑨]也，日扳[⑩]仲永环谒[⑪]于邑人，不使学。

---

① 伤：哀伤。
② 金溪：地名，今江西省金溪县。
③ 隶：属于。
④ 尝：曾经。
⑤ 书具：书写工具，指笔、墨、纸、砚等。
⑥ 旁近：附近。这里指邻居。
⑦ 收族：团结同宗族的人。
⑧ 邑人：同邑的人。同乡。
⑨ 利其然：认为这样是有利可图的。
⑩ 扳：同“攀”，牵，引。
⑪ 环谒：四处拜访。

予闻之也久。明道中，从先人还家，于舅家见之，十二三矣。令作诗，不能称前时之闻。又七年，还自扬州，复到舅家，问焉，曰：“泯然[①]众人矣！”

王子[②]曰：仲永之通悟[③]，受之天也。其受之天也，贤于材[④]人远矣。卒[⑤]之为众人，则其受于人者不至[⑥]也。彼其受之天也，如此其贤也，不受之人，且为众人。今夫不受之天，固众人；又不受之人，得为众人而已邪？

译文

金溪县有个平民叫方仲永，家中世代以耕田为业。仲永五岁时，不曾认识书写工具，（有一天）他忽然哭着要这些东西。他的父亲对此感到很诧异，从邻家借来书写工具给他，仲永立即写了四句诗，并且题上自己的名字。这首诗的主要意思是赡养父母、团结同一宗族的人，传给全乡的秀才观赏。从此，指定物品让他作诗，他能立即完成，诗的文采和道理都有值得欣赏的地方。同邑的人对这件事感到惊奇，渐渐地，都以宾客之礼对待他父亲，有的人还花钱请方仲永作诗。他的父亲认为这样是有利可图的，每天拉着他四处拜访同邑的人，却不让他学习。

我听说这件事也已经很久了。明道年间，我随先父回到家乡，在舅舅家里见到了方仲永，他已经十二三岁了。让他作诗，他写的诗不能与从前的名声相

---

① 泯（mǐn）然：消失。指原有的特点完全消失了。

② 王子：这里指王安石的自称。

③ 通悟：通达聪慧。

④ 材：有才能。

⑤ 卒：最终。

⑥ 不至：没有达到（要求）。至，达到。

称。又过了七年，我从扬州回来，再次到舅舅家，问起方仲永的情况，舅舅回答说：“他的才能已完全消失，如同常人了！”

我说：仲永的通达聪慧是先天得到的。他先天的才能，远胜于一般有才能的人。他最终成为一个平常人，是因为他后天受到的教育没有达到要求。他那样天生聪明，如此有才智的人，没有受到后天的教育，尚且会成为普通人。现在那些天赋不高的人，本来就是普通的人；又不接受后天的教育，想成为一个普通的人恐怕都不能够吧？

学习提示

本文叙述了方仲永幼年天资过人，却因其父“不使学”而最终变得平庸无奇的故事。文章以“伤仲永”为题，字里行间流露出作者对一个“神童”最终“泯然众人”的惋惜之情。同时，作者理性地指出方仲永才能衰退是由于“受于人者不至”，强调了后天教育的重要。

王安石写这篇文章，意在以方仲永为反面的例子，警醒世人。读了此文，你有什么启发？

2. 痀偻[1]者承蜩

⊙《庄子》

仲尼适[2]楚，出[3]于林中，见痀偻者承蜩[4]，犹掇之也[5]。

仲尼曰："子巧乎！有道[6]耶？"曰："我有道也。五六月累[7]丸二而不坠，则失者锱铢[8]；累三而不坠，则失者十一；累五而不坠，犹掇之也。吾处身也[9]，若厥[10]株拘[11]；吾执[12]臂也，若槁木之枝；虽

① 痀偻（gōu lóu）：驼背。

② 适：到……去。

③ 出：经过，取道。

④ 承蜩（tiáo）：指用竹竿粘蝉。蜩，蝉。

⑤ 犹掇（duō）之也：就像在地上拾取一样。这里形容痀偻者捕蝉很快。掇，拾取。

⑥ 道：方法。

⑦ 累：堆、叠。

⑧ 锱铢（zī zhū）：古代重量单位。锱是一两的四分之一，铢是一两的二十四分之一。这里比喻极少的数量或极小的可能。

⑨ 吾处身也：我站在那里。处，放、置。

⑩ 厥（jué）：同"橛"，残存的树根，树墩。

⑪ 株拘：断树根。

⑫ 执：持。

天地之大，万物之多，而唯蜩翼之知[①]。吾不反不侧[②]，不以[③]万物易[④]蜩之翼，何为而不得！”

孔子顾谓弟子曰：“用志不分[⑤]，乃凝[⑥]于神，其痀偻丈人[⑦]之谓乎！”

译文

孔子到楚国去，经过一片树林，看见一个驼背的老人正用竿子粘蝉，就像在地上拾取一样。

孔子说：“先生真是灵巧啊！这里面有方法吗？”老人说：“我有方法。经过五六个月的练习，在竿头叠起两个丸子而不会坠落，那么粘蝉时失手的情况已经很少了；在竿头上叠起三个丸子而不坠落，那么失手的情况就只有十分之一了；在竿头上叠起五个丸子而不坠落，粘蝉就会像用手拾取一样容易。我站在那里，犹如树墩那样静止不动；我持竿的手臂，就像枯木的树枝；虽然天地很大，万物很多，而我只专心看蝉的翅膀。我从不思前想后左顾右盼，绝不因纷繁的万物而改变对蝉翼的注意，怎么会捉不到蝉呢！”

孔子回头对弟子们说：“集中注意力不分散，就会达到出神入化的境界，这大概就是说的驼背老人一类的人吧！”

---

① 唯蜩翼之知：即“唯知蜩翼”，意思是只专心看蝉的翅膀，不想别的。

② 不反不侧：不反身，不侧视，一动不动。形容精神集中，不因外物影响而乱动。

③ 以：因为。

④ 易：改变。

⑤ 用志不分：集中注意力不分散。

⑥ 凝：专注，专一。

⑦ 丈人：古代对老人的尊称。

这个故事带给我们很多思考：做事要专心致志，排除外界的干扰；持之以恒，循序渐进；即使先天条件不好，只要勤于练习，克服困难，也会取得成就。

想想文章是通过什么方式推动情节发展、展现人物形象的。文章结尾处，在听了老人的话后，孔子为什么对弟子们说了那句话？这句话在全文中具有怎样的作用？

何谓贡生

在科举制度盛行的封建时期，凡府、州、县学生员中成绩优异者，经挑选可升入京师的国子监读书，被选中者统称为“贡生”。

科举考试是为王朝选拔从政人才。各朝代贡生的具体名目不一，明代为岁贡、选贡、恩贡和纳贡，清代有恩贡、拔贡、副贡、岁贡、优贡和例贡。

1. 甘戊与船夫[1]

⊙〔汉〕刘向

甘戊使于齐，渡大河。船人曰："河水间[2]耳，君不能自渡，能为王者之说乎？"甘戊曰："不然，汝不知也！物各有短长：谨愿敦厚，可事主[3]，不施[4]用兵；骐骥騄駬[5]，足及千里，置之宫室使之捕鼠，曾不如小狸[6]；干将[7]为利，名闻天下，匠以治[8]木，不如斤斧[9]。今持楫[10]而上下随流，吾不如子；说千乘之君、万乘之主，子亦不如戊矣。"

---

① 选自刘向的《说苑》，题目为编者所加。甘戊，人名，战国时说客。
② 间：缝隙，这里是形容河道很窄。
③ 可事主：可以为人主（国君）办事。
④ 施：用。
⑤ 骐骥騄駬（qí jì lù ěr）：这里指良马、骏马。
⑥ 狸：山猫。此指猫。
⑦ 干将：古代著名的宝剑。
⑧ 治：此指砍、削。
⑨ 斤斧：斧头。斤，斧子一类的工具。
⑩ 持楫：拿着桨，这里指划船。

译 文

甘戊出使齐国，要渡过河。船夫说：“河面很窄，你却不能够自己过河，还能够替君王去游说吗？”甘戊说：“不是这样的，你不知道啊！世间万物，各有长处和短处：恭谨而又忠厚老实的人，能够侍奉君王，不能够用他们带兵打仗；骏马日行千里，可是如果将它放在房屋、宫殿中叫它去捕捉老鼠，那它肯定不如一只小猫；宝剑削铁如泥，举世闻名，可是如果让匠人用它来劈砍木柴，那它肯定不如一把斧头。现在，用船桨划船，让船顺着水势起伏漂流，我比不上你；然而游说大小国家的君王，你也比不上我。”

职业教育的由来（一）

我国早在春秋时代就有了职业教育的萌芽，那时各国遍设礼、乐、射、御、书、数六艺学堂，进行专门的技艺教育。

东汉时出现了艺术专门学校——鸿都门学（因校馆位于洛阳鸿都门而得名）。唐代出现了“书学”“律学”“算学”和“医学”等各专门学校。

2. 卖蒜叟[1]

⊙〔清〕袁枚

南阳县有杨二相公者，精于拳勇[2]，能以两肩负[3]粮船而起，旗丁数百以篙刺之[4]，篙所触处，寸寸折裂，以此名重一时。率其徒行教常州，每至演武场，传授枪棒，观者如堵。忽一日，有卖蒜叟，龙钟伛偻[5]，咳嗽不绝声，旁睨[6]而揶揄[7]之。众大骇，走[8]告杨。杨大怒，招叟至前，以拳打砖墙，陷入尺许，傲[9]之曰："叟能如是乎？"叟曰："君能打墙，不能打人。"杨愈怒，骂曰："老奴能受我打乎？打死勿怨。"叟笑曰："老人垂[10]死之年，能以一死

① 本文选自袁枚《子不语·卷十四》。叟，老年人。

② 拳勇：武术。

③ 负：用背载物。

④ 之：代词，指杨二相公。

⑤ 伛偻：弯腰曲背。

⑥ 睨：斜视。

⑦ 揶揄：耍笑，嘲笑。

⑧ 走：跑，疾行。

⑨ 傲：骄傲，傲慢。

⑩ 垂：将近，将及。

成君之名，死亦何怨！”乃广约众人，写立誓券，令杨养息三日，老人自缚于树，解衣露腹。杨故取势[①]于十步外，奋[②]拳击之，老人寂然[③]无声。但见杨双膝跪地，叩头曰：“晚生知罪了。”拔其拳，已夹入老人腹中，坚不可出，哀求良久，老人鼓腹纵之，已跌出一石桥外矣。老人徐徐负蒜而归，卒[④]不肯告人姓氏。

译 文

南阳县有个杨二相公，精通武术，能够用双肩扛起运粮船。几百名押运粮船的绿旗兵，用竹篙刺他，刚刺中他身体时，竹篙就一寸寸断裂。他因此而享有盛名。杨二相公带着他的徒弟到常州传授武艺，每次到演武场去传授枪棒，围观的人挤满了，像筑起了一道人墙。忽然有一天，杨二相公正在教人武艺。有个卖蒜的老头儿，老态龙钟，弯腰曲背，不断地咳嗽着，在旁边斜着眼睛看，嘴里嘲笑他。人们非常惊骇，跑去告诉杨二相公。杨大怒，把老头儿叫到面前，一拳对准砖墙打去，拳头陷进墙内有尺把深，傲慢地说：“老头儿，你能办到吗？”老头儿说：“你能够打墙，但不能打人。”杨更加生气了，骂道：“老匹夫，你能承受我打吗？打死了不要抱怨！”老头儿笑着说：“我老头儿已经是快死的人了，能够以一死成全你的名声，死又有什么可抱怨的！”于是约了很多人作证，写下生死状，叫杨二相公休息三天，三天后，老头儿自己叫人绑在树上，解开衣服，露出肚子，叫杨二相公打。杨二相公在十步外摆好架子，冲上前用力打去，只见老头儿一声不吭，而那杨二相公却双膝跪在地上，叩头说：“晚生知罪了。”他想拔出他的拳头，哪知拳头夹在老头儿的腹中，怎么

① 势：姿势。

② 奋：举起。

③ 寂然：安静的样子。

④ 卒：最终。

也拔不出来。杨哀求了很久，老头儿鼓起肚子放开他，他一下子跌倒在一座石桥底下。老头儿慢慢地背起蒜回去了，最终不肯告诉人家他姓什么。

职业教育的由来（二）

鸦片战争前后，由于西方现代生产技术的传入，职业教育作为一种教育体制逐步发展起来，尤其是1866年以后，新式的职业教育出现了蓬勃发展的局面。

辛亥革命后，黄炎培、蔡元培、陶行知等人提出了“劳工神圣”“双手万能”的教育思想，积极主张发展职业教育。新中国成立后，职业教育进入了新的历史时期，适合我国国情的职业教育体系逐步建成。

3. 鸲鹆噪虎①

⊙〔明〕刘基

女几之山，乾鹊[2]所巢。有虎出于朴蔌[3]，鹊集而噪之。鸲鹆闻之，亦集而噪。鹎鶋[4]见而问之曰："虎，行地者也，其如子何哉，而噪之也？"鹊曰："是啸而生风，吾畏其颠[5]吾巢，故噪而去之。"问于鸲鹆，鸲鹆无以对。鹎鶋笑曰："鹊之巢木末[6]也，畏风，故忌虎。尔穴居[7]者也，何以噪为？"

---

① 选自刘基的《郁离子》，题目为编者所加。鸲鹆（qú yù），八哥。

② 乾鹊：喜鹊。

③ 朴蔌（sù）：草木丛生之处。

④ 鹎鶋（bēi jū）：鸟名，即寒鸦。

⑤ 颠：颠覆。

⑥ 木末：树梢。

⑦ 穴居：居于洞穴内。

译 文

有座叫女几的山，喜鹊都喜欢在那里筑巢。老虎在树丛之中出没，喜鹊们就聚集在一起向它大叫。八哥鸟听到后，也跟着聚集起来向老虎大叫。寒鸦看见了，向它们问道："老虎是在地上行走的动物，它不会影响到你们，你们为什么要聚在一起叫呢？"喜鹊回答说："它一吼叫起来会产生风，我们担心风会颠覆了我们的窝，所以才大叫赶跑它。"然后又问八哥鸟，八哥鸟竟无言以对。寒鸦笑道："喜鹊的巢在树梢上，怕风，所以忌惮老虎。你们是住在树洞里，怎么也跟着乱叫呢？"

4. 北人食菱[1]

⊙〔明〕江盈科

北人生而不识菱者，仕[2]于南方。席上啖[3]菱，并壳入口。或曰："食菱须去壳。"其人自护其短，曰："我非不知，并壳者，欲以清热也。"问者曰："北土亦有此物否？"答曰："前山后山，何地不有！"

译文

有个出生在北方不认识菱角的人，在南方做官。一次酒席上吃菱角，他连菱角壳一起放进嘴里吃。有人对他说："吃菱角必须去掉壳再吃。"那人为了掩饰自己的缺点，说："我不是不知道，连壳一起吃进去的原因，是想要清热解毒啊。"问的人说："北方也有这种食物吗？"他回答说："前面的山后面的山，哪块地没有呢！"

① 选自江盈科的《雪涛小说》，题目为编者所加。菱，俗称菱角，水生植物，果实可食。
② 仕：做官。
③ 啖（dàn）：吃。

单元学习任务

任务一

方仲永从早慧到平庸的人生经历让人慨叹，请从作者惋惜和反思的角度，用简洁的语言呈现出方仲永“泯然众人”的过程，可以用原文，也可以用自己的话概括填写。

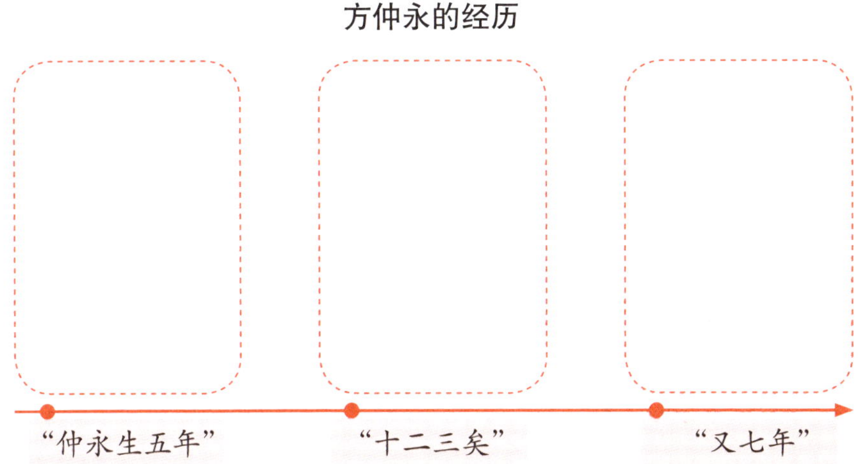

任务二

本单元文章以事寓理，如《伤仲永》《病偻者承蜩》《甘戊与船夫》以小故事启发，如《鸲鸲噪虎》《北人食菱》以寓言讽诫，都充满哲理。它们传达道理的形式也有所不同，有的是议论点睛、言简意赅，有的是不露锋芒、情节深蕴。请选出其中你喜欢的文章，尝试将其结尾修改成不同的形式并进行比较，看哪种效果更好。

我改写的结尾：

我的结论：

任务三

请同学们以交流会的形式，针对本单元文章所传达出的深刻道理，结合生活实际，选择出你认为最深刻的一篇文章，从深刻启发、犀利讽刺等方面进行提炼，或者从故事情节、描写方法等方面进行赏析。

抓住细节

细节描写，往往能起到以小见大、画龙点睛的作用。准确、传神的细节描写，往往会使读者如闻其声，如睹其人，如临其境，久久不能忘却。那么什么是细节描写呢？细节描写就是对人物、景物、事件等表现对象的细微刻画。文字会在我们的头脑里形成画面，如果这个画面是“特写镜头”，那么形成特写镜头的文字就是细节描写。

阅读本单元的片段、文章，找出精彩的细节描写，体会其表达的作用，并学会运用到自己的习作之中。

片段集锦

【范例1】

严监生喉咙里痰响得一进一出，一声不倒一声的，总不得断气，还把手从被单里拿出来，伸着两个指头。大侄子走上前来问道：“二叔，你莫不是还有两个亲人不曾见面？”他就把头摇了两三摇。二侄子走上前来问道：“二叔，莫不是还有两笔银子在哪里，不曾吩咐明白？”他把两眼睁得滴溜圆，把头又狠狠摇了几摇，越发指得紧了。奶妈抱着哥子插口道：“老爷想是因两位舅爷不在跟前，故此记念。”他听了这话，把眼闭着摇头，那手只是指着不动。赵氏慌忙揩揩眼泪，走近上前道：“爷，别人都说的不相干，只有我晓得你的意思！你是为那灯盏里点的是两茎灯草，不放心，恐费了油。我如今挑掉一茎就是了。”说罢，忙走去挑掉一茎。众人看严监生时，点一点头，把手垂下，登时就没了气。

（吴敬梓《儒林外史》）

【范例2】

她放下夹在指缝间的木制长杆蘸水笔，合上一本很厚很长的登记簿，站起来说：“你等等，我就来。”我就坐在一张椅子上等待，总是止不住她出去干什么的猜想。过了一阵儿她回来了，情绪有些亢奋也有点激动，一坐到她的椅子上就说：“我去找校长了……”我明白了她的去处，似乎验证了我刚才的几种猜想中的一种，心里也怦然动了一下。她没有谈她找校长说了什么，也没有说校长给她说了什么。

她现在双手扶在桌沿上低垂着眼，久久不说一句话。她轻轻舒了一口气，扬起头来时我就发现，亢奋的情绪已经隐退，温柔妩媚的气色渐渐回归到眼角和眉宇里来了，似乎有一缕淡淡的无能为力的无奈。

（陈忠实《晶莹的泪珠》）

【范例3】

芦花才吐新穗。紫灰色的芦穗，发着银光，软软的，滑溜溜的，像一串丝线。有的地方结了蒲棒，通红的，像一枝一枝小蜡烛。青浮萍，紫浮萍。长脚蚊子，水蜘蛛。野菱角开着四瓣的小白花。惊起一只青桩（一种水鸟），擦着芦穗，扑鲁鲁鲁飞远了。

（汪曾祺《受戒》）

【范例4】

撑船的是一个将近六十岁的老头子，船是一只尖尖的小船。老头子只穿一条蓝色的破旧短裤，站在船尾巴上，手里拿着一根竹篙。

老头子浑身没有多少肉，干瘦得像老了的鱼鹰。可是那晒得干黑的脸，短短的花白胡子却特别精神，那一对深陷的眼睛却特别明亮。很少见到这样尖利明亮的眼睛，除非是在白洋淀上。

（孙犁《芦花荡》）

1.母亲，我不识字的文学导师（节选）

⊙梁晓声

作者留心观察，真实的描写既交代了母亲做工环境的艰苦，又表现出母亲为子女甘于奉献的无私精神。

我想买《青年近卫军》，只有向母亲要钱。为了要钱，我去母亲做活的那个条件低劣的街道小工厂找母亲。

那个街道小工厂里的情形像中世纪的奴隶作坊。二百多平方米的四壁颓败的大屋子，低矮、阴暗、天棚倾斜，仿佛随时会塌下来。五六十个家庭妇女，一人坐在一台破旧的缝纫机旁，一双接一双不停歇地加工棉胶鞋鞋帮。到处堆着毡团，空间里毡绒弥漫。所有女人都戴口罩。夏日里从早到晚，一天戴八个乃至十个小时的口罩，可想而知是种什么罪。几扇窗子一半陷在地里，无法打开，空气不流通，闷得使人头晕。耳畔脚踏缝纫机的声音响成一片，女工们彼此说话，不得不摘下口罩，扯开嗓子。话一说完，就赶快将口罩戴上。她们一个个紧张得不直腰，不抬头，热得汗流浃背。有几个身体肥胖的女人，竟只穿着件男人的背心，大概是她们的丈夫的。我站在门口，用目光四处寻找母亲，却认不出在这些女人中，哪一个是我的母亲。

负责给女工们递送毡团的老头问我找谁，我说出了母亲的名字。

“在那儿！”老头用手一指。

我这才发现，最里边的角落，有一个瘦小的身躯，背对着我，像800度的近视眼写字一样，头低垂向缝纫机，正做活。

这个特写镜头展现了母亲怎样的形象？

我走过去，轻轻叫了一声：“妈……”

母亲没听见。

我又叫了一声。

母亲仍未听见。

“妈！”我喊起来。

母亲终于抬起了头。

母亲瘦削的憔悴的脸，被口罩遮住二分之一。口罩已湿了，一层毡绒附着上面，使它变成了毛茸茸的褐色的。母亲的头发上衣服上也落满了毡绒，母亲整个人都变成了毛茸茸的褐色的。这个角落更缺少光线，更暗。一只可能是100瓦的灯泡，悬吊在缝纫机上方，向窒闷的空间继续散发热。一股蒸蒸的热气顿时包围了我。缝纫机板上水淋淋的，是母亲滴落的汗。母亲的眼病常年不愈，红红的眼睑夹着黑白混浊的眼睛，目光迟呆地望着我，问："你到这里来干什么？找妈有事？"

"妈，给我两元钱……"我本不想再开口要钱。亲眼看到母亲是这样挣钱的，我心里难受极了。可不想说的话说了。我追悔莫及。

人物对话非常精彩。"我"的犹豫，母亲的隐忍以及对"我"读书的支持，母亲同事的直率，都通过真实的对话表现出来，使人物形象立体鲜活，具体可感。

"买什么？"

"买书……"

母亲不再多问，手伸入衣兜，掏出一卷毛票，默默点数，点够了两元钱递给我。

我犹豫地伸手接过。

离母亲最近的一个女人，停止做活，看着我问："买什么书啊？这么贵！"

我说："买一本长篇。"

"什么长篇短篇的！你瞧你妈一个月挣三十几元钱容易吗？你开口两元，你妈这两天的活儿白做了！"那女人将脸转向母亲，又说，"大姐你别给他钱，你是当妈的，又不是奴隶！供他穿、供他吃、供他上学，还供他花钱买闲书看呀？你也太顺他意了！他还能出息成个写书的人咋的？”

母亲淡然苦笑，说：“我哪敢指望他能出息成个写书的人呢！我可不就是为了几个孩子才做活的嘛！这孩子和他哥一样，不想穿好吃好，就爱看书。反正多看书对孩子总是有些教育的，算我这两天活儿白做了呗！”说着，俯下身，继续蹬缝纫机。

那女人独自叹道：“唉，这老婆子，哪一天非为了儿女们累死在缝纫机旁！……”

我心里内疚极了，一转身跑出去。

我没有用母亲给我的那两元钱买《青年近卫军》。

几天后母亲生了一场病，什么都不愿吃，只想吃山楂罐头，却没舍得花钱给自己买。

我就用那两元钱，几乎跑遍了道里区的大小食品商店，终于买到了一听山楂罐头，剩下的钱，一分也没花。

“我”给母亲买山楂罐头，“几乎”“终于”这些词语使这一细节更具表现力，表达了“我”对母亲的爱。

母亲下班后，发现了放在桌上的山楂罐头，沉下脸问：“谁买的？！”

我说：“妈，我买的。用你给我那两元钱

为你买的。”说着将剩下的钱从兜里掏出来也放在了桌上。

“谁叫你这么做的？”母亲生气了。

我讷讷地说：“谁也没叫我这么做，是我自己……妈，我今后再也不向你要钱买书了！”

“你向妈要钱买书，妈没给过你吗？”

“没有……”

“那你为什么还说这种话？一听罐头，妈吃不吃又能怎么样呢？还不如你买本书，将来也能保存给你弟弟们看……”

“我……妈，你别去做活了吧！”我扑在母亲怀里，哭了。

母亲用自己辛苦劳作获得的微薄收入来支持“我”的阅读，并以自己无私的精神和坚强的品格激励着“我”的文学追求，母亲当之无愧是“我”的文学导师。

今天，当我竟然也成了写书人的今天，每每想起儿时的这些往事以及这份特殊的母爱，不免一阵阵心酸。我在心底一次次呼喊：我爱您，母亲！

2. 高小老师

⊙尧山壁

那一天，大九岁的堂兄哄我去魏庄赶集，花三分钱买了一个油炸糕给我吃，条件是跟他做伴去参加高小招生考试。乘着油炸糕的热乎劲儿，我一口气儿答完语文、算术两张卷子。下一集放榜，我俩居然都考上了。那年我十岁，仅仅上过三年冬学。

十岁的我头顶“砂壶盖”，脑后“九十毛”，前面两通鼻涕，除了没穿开裆裤，完全还是一个野小子。爬树掏雀，上房揭瓦，单等铃声一响蹿出去挖坑崩球。白天玩疯了，夜里撒呓挣，专摸同学们的鞋壳篓尿泡。班主任知道我调皮，只是因为学习好，给留点面子。

班主任姓汪，干巴老头，铁青面皮，不到四十岁就留起了山羊胡。他一皱眉山羊胡就抖，抖得我心里发毛。高小老师与初小不一样，初小老师本乡本土，一门心思种自家庄稼，捎带着教学生，会数手指头、认自己的姓名就得了。高小老师住校，一天二十四小时厮跟着，一班学生当一茬庄稼。

那年秋天，学生宿舍后院丝瓜架上有一只蝈蝈唱得很动听，引出了学生们的灵感。大家每人从地里捉回一只大嗓门蝈蝈放上去，就有了听不完的大合唱。冬天到了，瓜叶落了，学生们穿上了棉袄，也带来了蝈蝈葫芦。这蝈蝈葫芦茶碗大小，扁平，染上色刻上花，有透气孔，顶部有口有盖，放菜叶给蝈蝈吃。平时揣在怀里，中午放风晒太阳，蝈蝈高兴了就振翅高歌。大家都给自己的蝈蝈起了名字，九岁红、白牡丹、苏金蝉……都是本地秧歌、丝弦、梆子的名角。我的蝈蝈叫大眼，是乱弹剧团的黑头，嗓门儿最大，顺风听三里。

有一天，正上语文课，汪老师讲曹植的《七步诗》，“煮豆燃豆萁，豆在釜中泣……”忽然“吱吱吱”，糟了，贪玩崩球，忘了放下蝈蝈葫芦，大眼在怀里叫了。我急忙用手拍它，可能是急得出了汗，棉袄里更加暖和，大眼唱得更来劲儿了。全班哄堂大笑。课让我搅了，低头无地自容。只听见汪老师气呼呼走来，提起我的耳朵拽到讲台上。看山羊胡子连连抖动，我咬紧嘴唇准备挨打，想不到教鞭高高举起又轻轻放下，只让我把葫芦交出，在一旁罚站。汪老师继续讲课，我脑袋里呼呼刮风，什么也听不见。下课前汪老师想让我当众出丑，把诗背一遍。“煮豆燃豆萁，豆在釜中泣。本是同根生，相煎何太急！”居然一字不差，汪老师笑了。出教室我把葫芦摔在地上，抬脚要把它踩个稀巴烂。汪老师说：“且慢，蝈蝈没罪，把它放了。”

吓出了一身汗，又受了风，下午我病了，忽冷忽热。汪老师把我抱回他的宿舍，放在床上。看看老师洁白的床单，想想自己蓬头垢面两条泥腿，说什么也不躺。汪老师硬把我摁下，还给我烧了姜汤。晚饭时，同学替我打来饭。那时学生自带干粮，伙房管给馏馏。汪老师把我的糠菜窝窝捧着吃了，边吃边流泪，然后给我煮了小米粥。那时老师们的工资是小米，汪老师每月一百二十斤小米。躺两天病好了，汪老师晒被子，白被里上留下一个小泥人的图像。

高小二年级要求开历史、地理课，课本都发下来了，老师无人敢应。一九四九年前邢台一府九县才有一座初级师范几十名学生，不是一般人家上得起的。我们的老师只念过五经四书、斤秤流，语文算术还勉强应付。历史呢，戏台上张良、韩信、刘关张，也许沾边儿。地理就难说了，春种、夏锄、秋收、冬藏二十四节气，种地的理无师自通，地球的理就悬乎了。只见过田间小道独轮车，连自行车都不知为何物，什么铁路、航运、矿产、机器，见所未见，闻所未闻，怎为人师？大家推来推去，捉了汪老师的大头。

汪老师讲语文滚瓜烂熟，口若悬河，拿起地理课本却结结巴巴，念不成句。讲中国四大山脉、四大河流，我问老师："你见过吗？"问了老师个大红脸，他说别提首都、省会，专员公署邢台也没到过，两脚没走出过县界。他讲山就是石头，很大的石头。我问："整个一块大石头，人都住在山顶上，河从哪里流出来？"他讲城市就是大村，很大很大的村。我说："那么种地要走出多远？带饭还是送饭？"老师都答不上来。幸好没过几天就到秋假，汪老师家种的都是晚庄稼，他说带我出门走走，长长见识。

带上师母烙的一大摞饼，我俩出村一直往西，走二十公里见到了铁道、火车，再往西二十公里见到了太行山。原来山并不是一整块石头，是由大大小小许多小山头组成，中间缝隙很大，就是河谷、盆地，泉水从石缝流出成为小溪，小溪慢慢长粗就成了河。又往南走了两天，到了顺德府，现名邢台。邢台市的街道很长，胡同很宽，城里人不种地，靠做工、经商生活。汪老师说："脚上没白磨了泡，地理我能讲了。"

从此，汪老师迷上了地理课，宿舍里装满了世界、中国、省、地区、县地图，毕业生走到哪里，他就把小红旗插到哪里，要求他们每人写一封信介绍那里的地理知识。积攒多了，分门别类装订成册。我大学二年级见到他时，中国地图上插满了他的小红旗。那一年正是困难时期，他又捧吃着十年前我吃过的糠菜窝窝，人瘦了，脸更黑了，更像那块黑板了。

今生今世我不会忘记汪老师，不会忘记他的整枝打杈，如果不经修理，也许至今我还是一丛灌木。不会忘记是他在我童年的视野里铺开了地图，给了我山脉、河流，给了我航线、铁路，给了我幅员和气候，给了我方向和速度。为此，我立志走遍中国和世界，走遍名山大川。每到一处都久久注目，我的脚和我的眼负有双重任务，替我的汪老师多看一眼。在前方地平线上总有一个人影，佝偻着身子为我导游。

3. 醒悟的那一刻

⊙秦卿原

塞北春风迟吹起，冰城丁香始盛开。

在这烂漫的时节，那一刻成为生命里的永恒，令我醒悟。

宣纸上的红叉，如同火印，侵蚀着我的心灵，挥之不散。“手腕不直，力道不足，线条疲软乏力，实在是……哎……”书法班老师沉重的叹息，压在我的心头，咬噬我曾经的骄傲。

自此，砚干，墨固，笔凝。我不想再踏入书房这个心灵的禁地，直到那一刻的到来……

“外孙，快来。”一天，姥姥在书房里喊道。我迟疑了一下还是走了过去。姥姥站在案前，半弯着腰，黑边的眼镜快低垂到鼻尖上。桌上素宣平展，墨迹未干。看到这熟悉的一幕，我不禁心头一动。

“外孙，这‘韧’的钩，姥姥怎么也写不好，你来写写，我看看。”看着姥姥那期待的目光，我不禁无奈地一笑，随手抄起笔写起来。虽然多日不练，但毕竟身为练家子，倒挂金钩，逆笔、起笔、回锋、收笔，写罢，姥姥轻轻拈起纸角，俯身吹拂墨痕。

“有什么好看的，人家都说我没有书法的天赋。”我对端详字迹的姥姥说。

姥姥转过头来，温柔地看着我。她的眼睛里一定藏着很多的话。我心跳得快起来。姥姥把我拉到窗边，意味深长地说：“你看看窗外。”楼下庭院里繁茂的丁香携手遮蔽了休闲区。远远望去，如云，似海。这云海在阳光的映照下，闪烁着勃勃的波浪。

几年前，刚搬到这个小区时，庭院里的丁香还只是稀疏的几丛灌木，显得有些柔弱，在北国晚来的春风的吹拂下，给庭院增添了几抹淡紫的颜色。春去秋来，劲厉的寒风把它变成瑟瑟发抖的枯枝。现在，满眼的似锦繁花，流溢着紫色的浓香。

“别看丁香花小，但它聚少成多，坚强有‘韧’劲。咱们哈尔滨这座城市能把丁香作为市花，不仅是因为它的美丽，更是因为它的坚韧顽强的精神。”姥姥语出惊人，震动我的心弦。目光又重新落在书桌上的“韧”字上，那一刻，眼前的“韧”字似乎现出淡紫的色彩，有了跃动的力量。

“姥姥，我懂得了！我会坚持把字写好的。”听了我的话，姥姥的脸上洋溢出欣慰的笑容。

此后我便开始苦苦练习，一瓶瓶墨汁满了又干，一沓沓宣纸薄了又厚。又是一年丁香绽放的时节，我捧着获奖证书站在领奖台上，看到台下的姥姥，看到她冲我打出一个“V”的手势，看到她欣慰的笑容，我的心里美滋滋的。

谢谢姥姥，让我在那一刻懂得“韧”的意义。

（学生习作）

4. 照片里的故事

⊙李鸣曦

时光匆匆，隐淡了太多过往，却有一些画面任岁月流逝，仍清晰如昨。那张定格在记忆深处的照片，时时闪现于我人生的路上。

暑假，我们一家人去黄山游玩。“真是太美了！”登山的路上，我不禁感慨大自然的鬼斧神工。但见奇峰林立，直插云霄，层林尽翠，劲松如画；怪石嶙峋，千岩竞秀，乱云从容，万壑飞渡。感受着黄山的自然之美，同时也领教了它的险峻。抬头仰望登山石阶蜿蜒，穿入云深处；低首俯视峭壁深谷幽幽，漫卷雾升腾。

中午，行至山腰。

头顶太阳正烈，脚步越发沉重。伴着沉重的喘息声，大滴的汗珠流淌下来，滴落在青石台阶上。我把剩下的半瓶矿泉水一口气灌了进去。突然，一个东西从我身边飞过，闪过一道光亮，划出一道优美的弧线，飞下了崖壁——有人把一个易拉罐扔到谷底了。

“真是讨厌，公德心缺失……”心里正愤愤着，就看见一个穿着黄马甲的男人，走了过来。他把身上背的一捆绳子一头固定好，然后把绳子扔下谷底，翻过栏杆，两手拽住绳子向崖底探去。

一时间，周围的人群定住了，目光追随着那个男人。那根系在男人腰间的绳子，绷得直直的，不住地颤动着。随着男人向下的脚步，一些细小的石子被碰落，翻滚着，跌落着，消失在谷底的雾气里。男人身下那个幽深的巨谷，仿佛是一个巨兽的口。

他停在从崖壁缝中横斜生出的一丛小树旁，用一只脚支着崖壁，努力伸长身子，用手里的一个长夹子去夹挂在树枝间的一个空瓶子。突然，他脚下一滑，瞬间我的心也猛然一沉，耳边的惊呼声同时响起。他在空中荡了半圈，在撞向崖壁时，用另一只脚撑住身体，重新掌握了平衡……

人们纷纷拿出手机、照相机，聚焦于那个男人，聚焦在那个黄山清洁工身上。

他开始往上爬了，动作依旧是不紧不慢，沉稳熟练。我拿起相机对准他，调好焦距，镜头里，青色的崖壁上，穿黄马甲的男人用力抓住绳子，被太阳晒成古铜色的皮肤因出汗泛着亮光。“咔嚓”，这个画面就此定格。

清洁工爬上来，用衣袖擦了擦头上的汗，又熟练地收好绳子扛在肩上，腰间的袋子里装着他从谷底捡拾回来的空瓶子。他的脸上看不出刚刚过去的惊魂一幕留下的任何痕迹。我捡起刚才扔到路边的空矿泉水瓶，放进旁边的垃圾箱里。

从黄山回来，虽然美丽的景色还历历在目，但那张照片还令我心绪难平。我知道，那一瞬间，任时光荏苒，仍会默默讲述着故事，描绘着最动人的风景。

（学生习作）

整本书阅读

骆驼祥子

⊙老　舍

阅读导航

《骆驼祥子》，一个车夫的悲惨世界，一段历史的社会剪影。

现代作家司马长风曾经说过："俗云'点铁成金'，又所谓'化腐朽为神奇'，唯有《骆驼祥子》才当得起。"

《骆驼祥子》在中国现代文学史上具有极其重要的地位。"五四运动"以后的新文学，多以描写知识分子与农民生活见长，很少有描写城市贫民的作品。老舍的《骆驼祥子》则打破了这种局面，以城市贫民生活为题材，拓展了新文学的表现范围，为新文学的发展做出了特殊的贡献。

《骆驼祥子》是写城市贫民悲剧命运的代表作，它的成功在于其真实地反映了旧中国城市底层人民的苦难生活，揭示了一个破产了的农民如何市民化，又如何被社会抛入流氓无产者行列的过程，以及这一过程中所经历的精神毁灭的悲剧。然而如果更进一步探究，我们会发现这部小说还有更深刻的意蕴，那就是对城市文明病与人性关系的思考。这部作品所写的，主要是一个来自农村的纯朴的农民与现实城市文明相对立所产生的道德堕落与心灵腐蚀的故事。

精彩选篇

一

他真拉上了包月。可是，事实并不完全帮助希望。不错，他确是咬了牙，但是到了一年半他并没还上那个愿。包车确是拉上了，而且谨慎小心地看着事情。不幸，世上的事并不是一面儿的。他自管小心他的，东家并不因此就不辞他，不定是三两个月，还是十天八天，吹了！他得另去找事。自然，他得一边儿找事，还得一边儿拉散座；骑马找马，他不能闲起来。在这种时节，他常常闹错儿。他还强打着精神，不专为混一天的嚼谷，而且要继续着积储买车的钱。可是强打精神永远不是件妥当的事：拉起车来，他不能专心一志地跑，好像老想着些什么，越想便越害怕，越气不平。假若老这么下去，几时才能买上车呢？为什么这样呢？难道自己还算个不要强的？在这么乱想的时候，他忘了素日的谨慎。皮轮子上了碎铜烂磁片，放了炮，只好收车。更严重一些的，有时候碰了行人，甚至有一次因急于挤过去而把车轴盖碰丢了。设若他是拉着包车，这些错儿绝不能发生，一搁下了事，他心中不痛快，便有点楞头磕脑的。碰坏了车，自然要赔钱，这更使他焦躁，火上加了油。为怕惹出更大的祸，他有时候懊睡一整天。及至睁开眼，一天的工夫已白白过去，他又后悔、自恨。还有呢，在这种时期，他越着急便越自苦，吃喝越没规则，他以为自己是铁做的，可是敢情他也会病。病了，他舍不得钱去买药，自己硬挺着，结果，病越来越重，不但得买药，而且得一气儿休息好几天。这些个困难，使他更咬牙努力，可是买车的钱数一点不因此而加快地凑足。

整整的三年，他凑足了一百块钱！

他不能再等了。原来的计划是买辆最完全最新式最可心的车，现在只好按着一百块钱说了。不能再等！万一出点什么事再丢失几块呢！恰巧有辆刚打好的车（定做而没钱取货的）跟他所期望的车差不甚多；本来值一百多，可是因为定钱放弃了，车铺愿意少要一点。祥子的脸通红，手哆嗦着，拍出九十六块钱来："我要这辆车！"铺主打算挤到个整数，说了不知多少话，把他的车拉出去又拉进来，支开棚子，又放下，按按喇叭，每一个动作都伴着一大串最好的形容词，最后还在钢轮条上踢了两脚，"听听声儿吧，铃铛似的！拉去吧，你就是把车拉碎了，要是钢条软了一根，你拿回来，把它摔在我脸上！一百块，少一分咱们吹！"祥子把钱又数了一遍："我要这辆车，九十六！"铺主知道是遇见了一个心眼的人，看看钱，看看祥子，叹了口气："交个朋友，车算你的了；保六个月，除非你把大箱碰碎，我都白给修理。保单，拿着！"

祥子的手哆嗦得更厉害了，揣起保单，拉起车，几乎要哭出来。拉到个僻静地方，细细端详自己的车，在漆板上试着照照自己的脸！越看越可爱，就是那不尽合自己理想的地方也都可以原谅了，因为已经是自己的车了。把车看得似乎暂时可以休息会儿了，他坐在了水簸箕的新脚垫儿上，看着车把上的发亮的黄铜喇叭。他忽然想起来，今年是二十二岁。因为父母死得早，他忘了生日是在哪一天。自从到城里来，他没过一次生日。好吧，今天买上了新车，就算是生日吧，人的也是车的，好记，而且车既是自己的心血，简直没什么不可以把人与车算在一块的地方。

怎样过这个“双寿”呢？祥子有主意：头一个买卖必须拉个穿得体面的人。最好是拉到前门，其次是东安市场。拉到了，他应当在最好的饭摊上吃顿饭，如热烧饼夹爆羊肉之类的东西。吃完，有好买卖呢就再拉一两个；没有呢，就收车。这是生日！

自从有了这辆车，他的生活过得越来越起劲了。拉包月也好，拉散座也好，他天天用不着为“车份儿”着急，拉多少钱全是自己的。心里舒服，对人就更和气，买卖也就更顺心。拉了半年，他的希望更大了：照这样下去，干上二年，至多二年，他就又可以买辆车，一辆、两辆……他也可以开车厂子了！

可是，希望多半落空，祥子的也非例外。

…………

十

个别地解决，祥子没那么聪明。全盘地清算，他没那个魄力。于是，一点儿办法没有，整天际圈着满肚子委屈。正和一切的生命同样，受了损害之后，无可奈何地只想由自己去收拾残局。那斗落了大腿的蟋蟀，还想用那些小腿儿爬。祥子没有一定的主意，只想慢慢地一天天，一件件地挨过去，爬到哪儿算哪儿，根本不想往起跳了。

离二十七还有十多天，他完全注意到这一天上去，心里想的，口中念道的，梦中梦见的，全是二十七。仿佛一过了二十七，他就有了解决一切的办法，虽然明知道这是欺骗自己。有时候他也往远处想，譬如拿着手里的几十块钱到天津去，到了那里，碰巧还许改了行，不再拉车。虎妞还能追他到天津去？在他的心里，凡是坐火车去的地方必是很远，无论怎样她也追不了去。想得很好，可是他自己良心上知道这只是万不得已的办法，再分能在北平，还是在北平！这样一来，他就又想到二十七那一天，还是这样想近便省事，只要混过这一关，就许可以全局不动而把事儿闯过去，即使不能干脆地都摆脱清楚，到底过了一关是一关。

怎样混过这一关呢？他有两个主意：一个是不理她那回事，干脆不去拜寿；另一个是按照她所嘱咐的去办。这两个主意虽然不同，可是结果一样：不去呢，她必不会善罢甘休；去呢，她也不会饶了他。他还记得初拉车的时候，模仿着别人，见小巷就钻，为是抄点近儿，而误入了罗圈胡同，绕了个圈儿，又绕回到原街。现在他又入了这样的小胡同，仿佛是：无论走哪一头儿，结果是一样的。

在没办法之中，他试着往好里想，就干脆要了她，又有什么不可以呢？可是，无论从哪方面想，他都觉着憋气。想想她的模样，他只能摇头。不管模样吧，想想她的行为，哼！就凭自己这样要强、这样规矩，而娶那么个女人，他不能再见人，连死后都没脸见父母！不错，她会带过几辆车来，能保准吗？刘四爷并非是好惹的人！即使一切顺利，他也受不了，他能干得过虎妞？她只需伸出个小指，就能把他支使得头晕眼花，不认识了东西南北。他晓得她的厉害！要成家，根本不能要她，没有别的可说的！要了她，便没了他，而他又不是看不起自己的人！没办法！

没方法处置她，他转过来恨自己，很想脆脆地抽自己几个嘴巴子。可是，说真的，自己并没有什么过错。一切都是她布置好的，单等他来上套儿。毛病似乎是在他太老实，老实就必定吃亏，没有情理可讲！

更让他难过的是没地方去诉诉委屈。他没有父母兄弟，没有朋友。平日，他觉得自己是头顶着天、脚踩着地、无牵无挂的一条好汉。现在，他才明白过来、悔悟过来，人是不能独自活着的。特别是对那些同行的，现在都似乎有点可爱。假若他平日交下几个，他想，像他自己一样的大汉，再多有个虎妞，他也不怕。他们会给他出主意，会替他拔剑卖力气。可是，他始终是一个人，临时想抓朋友是不大容易的！他感到一点向来没有过的恐惧。照这么下去，谁也会欺侮他，独自一个是顶不住天的！

这点恐惧使他开始怀疑自己。在冬天，遇上主人有饭局，或听戏，他照例是把电石灯的水筒儿揣在怀里，因为放在车上就会冻上。刚跑了一身的热汗，把那个冰凉的小水筒往胸前一贴，让他立刻哆嗦一下，不定有多大时候，那个水筒才会有点热和劲儿。可是在平日，他并不觉得这有什么说不过去，有时候揣上它，他还觉得这是一种优越，那些拉破车的根本就用不上电石灯。现在，他似乎看出来，一月只挣那么些钱，而把所有的苦处都得受过来，连个小水筒也不许冻上，而必得在胸前抱着，自己的胸脯多么宽，仿佛还没有个小筒儿值钱。原先，他以为拉车是他最理想的事，由拉车他可以成家立业。现在他暗暗摇头了。不怪虎妞欺侮他，他原来不过是个连小水筒也不如的人！

在虎妞找他的第三天上，曹先生同着朋友去看夜场电影，祥子在个小茶馆里等着，胸前揣着那像块冰似的小筒。天极冷，小茶馆里的门窗都关得严严的，充满了煤气、汗味，与贱臭的烟卷的干烟。饶这么样，窗上还冻着一层冰花。喝茶的几乎都是拉包月车的，有的把头靠在墙上，借着屋中的暖和气儿，闭上眼打盹。有的拿着碗白干酒，让让大家，而后慢慢地喝，喝完一口，上面咂着嘴，下面很响地放凉气。有的攥着卷儿大饼，一口咬下半截，把脖子撑得又粗又红。有的绷着脸，普遍地向大家抱怨，他怎么由一清早到如今，还没停过脚，身上已经湿了又干、干了又湿，不知有多少回！其余的人多数是彼此谈着闲话，听到这两句，马上都静了一会儿，而后像鸟儿炸了巢似的都想起一日间的委屈，都想讲给大家听。连那个吃着大饼的也把口中匀出能调动舌头的空隙，一边儿咽饼，一边儿说话，连头上的筋都跳了起来：“你当拉包月的就不蘑菇哪？！我打——嗝！——两点起到现在还水米没打牙！竟说前门到平则门——嗝！——我拉三个来回了！这个天，把屁股都冻裂了，一劲地放气！”转圈看了大家一眼，点了点头，又咬了一截饼。

这把大家的话又都转到天气上去，以天气为中心各自道出辛苦。祥子始终一语未发，可是很留心他们说了什么。大家的话，虽然口气、音调、事实，各有不同，但都是咒骂与不平。这些话，碰到他自己心上的委屈，就像一些雨点儿落在干透了的土上，全都吃了进去。他没法，也不会，把自己的话有头有尾地说给大家听。他只能由别人的话中吸收些生命的苦味，大家都苦恼，他也不是例外。认识了自己，也想同情大家。大家说到悲苦的地方，他皱上眉；说到可笑的地方，他也撇撇嘴。这样，他觉得他是和他们打成一气，大家都是苦朋友，虽然他一言不发，也没大关系。从前，他以为大家是贫嘴恶舌，凭他们一天到晚穷说，就发不了财。今天仿佛是头一次觉到，他们并不是穷说，而是替他说呢，说出他与一切车夫的苦处。

大家正说到热闹中间，门忽然开了，进来一阵冷气。大家几乎都怒目地往外看，看谁这么不得人心，把门推开。大家越着急，门外的人越慢，似乎故意地磨烦。茶馆的伙计半急半笑地喊："快着点吧，我一个人的大叔！别把点热气儿都给放了！"

这话还没说完，门外的人进来了，也是个拉车的。看样子已有五十多岁，穿着件短不够短、长不够长、莲蓬篓儿似的棉袄，襟上肘上已都露了棉花。脸似乎有许多日子没洗过，看不出肉色，只有两个耳朵冻得通红，红得像要落下来的果子。惨白的头发在一顶破小帽下杂乱地髭髭着；眉上、短须上，都挂着些冰珠。一进来，摸住条板凳便坐下了，挣扎着说了句："沏一壶。"

这个茶馆一向是包月车夫的聚处，像这个老车夫，在平日，是决不会进来的。

大家看着他，都好像感到比刚才所说的更加深刻的一点什么意思，谁也不想再开口。在平日，总会有一两个不很懂事的少年，找几句俏皮话来拿这样的茶客取取笑，今天没有一个出声的。

茶还没有沏来，老车夫的头慢慢地往下低，低着低着，全身都出溜下去。

大家马上都立了起来："怎啦？怎啦？"说着，都想往前跑。

"别动！"茶馆掌柜的有经验，拦住了大家。他独自过去，把老车夫的脖领解开，就地扶起来，用把椅子戗在背后，用手勒着双肩："白糖水，快！"说完，他在老车夫的脖子那溜儿听了听，自言自语地说："不是痰！"

大家谁也没动，可谁也没再坐下，都在那满屋子的烟中，眨巴着眼，向门儿这边看。大家好似都不约而同地心里说："这就是咱们的榜样！到头发惨白了的时候，谁也有一个跟头摔死的行市！"

糖水刚放在老车夫的嘴边上，他哼哼了两声。还闭着眼，抬起右手——手黑得发亮，像漆过了似的——用手背抹了下儿嘴。

"喝点水！"掌柜的对着他耳朵说。

"啊？"老车夫睁开了眼。看见自己是坐在地上，腿蜷了蜷，想立起来。

"先喝点水，不用忙。"掌柜的说，松开了手。

大家几乎都跑了过来。

"哎！哎！"老车夫向四围看了一眼，双手捧定了茶碗，一口口地吸糖水。

慢慢地把糖水喝完，他又看了大家一眼："哎，劳诸位的驾！"说得非常的温柔亲切，绝不像是由那个胡子拉碴的口中说出来的。说完，他又想往起立，过去三四个人忙着往起搀他。他脸上有了点笑意，又那么温和地说："行，行，不碍！我是又冷又饿，一阵儿发晕！不要紧！"他脸上虽然是那么厚的泥，可是那点笑意教大家仿佛看到一个温善白净的脸。

大家似乎全动了心。那个拿着碗酒的中年人，已经把酒喝净，眼珠子通红，而且此刻带着些泪："来，来二两！"等酒来到，老车夫已坐在靠墙的一把椅子上。他有一点醉意，可是规规矩矩地把酒放在老车夫面前："我的请，您喝吧！我也四十望外了，不瞒您说，拉包月就是凑合事，一年是一年的事，腿知道！再过二三年，我也得跟您一样！您横是快六十了吧？"

"还小呢，五十五！"老车夫喝了口酒。"天冷，拉不上座儿。我呀，哎，肚子空，就有几个子儿我都喝了酒，好暖和点呀！走在这儿，我可实在撑不住了，想进来取个暖。屋里太热，我又没食，横是晕过去了。不要紧，不要紧！劳诸位哥儿们的驾！"

这时候，老者的干草似的灰发、脸上的泥、炭条似的手，和那个破帽头与棉袄，都像发着点纯洁的光，如同破庙里的神像似的，虽然破碎，依然尊严。大家看着他，仿佛唯恐他走了。祥子始终没言语，呆呆地立在那里。听到老车夫说肚子里空，他猛地跑出去，飞也似的又跑回来，手里用块白菜叶儿托着十个羊肉馅的包子。一直送到老者的眼前，说了声：“吃吧！”然后，坐在原位，低下头去，仿佛非常疲倦。

“哎！”老者像是乐，又像是哭，向大家点着头。“到底是哥儿们哪！拉座儿，给他卖多大的力气，临完多要一个子儿都怪难的！”说着，他立了起来，要往外走。

“吃呀！”大家几乎是一齐地喊出来。

“我叫小马儿去，我的小孙子，在外面看着车呢！”

“我去，您坐下！”那个中年的车夫说，“在这儿丢不了车，您自管放心，对过儿就是巡警阁子。”他开开了点门缝：“小马儿！小马儿！你爷爷叫你哪！把车放在这儿来！”

老者用手摸了好几回包子，始终没往起拿。小马儿刚一进门，他拿起来一个：“小马儿，乖乖，给你！”小马儿也就是十二三岁，脸上挺瘦，身上可是穿得很圆，鼻子冻得通红，挂着两条白鼻涕，耳朵上戴着一对破耳帽儿，立在老者的身旁，右手接过包子来，左手又自动地拿起来一个，一个上咬了一口。

“哎！慢慢的！”老者一手扶在孙子的头上，一手拿起个包子，慢慢地往口中送。“爷爷吃两个就够，都是你的！吃完了，咱们收车回家，不拉啦。明儿个要是不这么冷呀，咱们早着点出车。对不对，小马儿？”

小马儿对着包子点了点头，吸溜了一下鼻子：“爷爷吃三个吧，剩下都是我的。我回头把爷爷拉回家去！”

“不用！”老者得意地向大家一笑：“回头咱们还是走着，坐在车上冷啊。”

老者吃完自己的份儿，把杯中的酒喝干，等着小马儿吃净了包子，掏出块破布来，擦了擦嘴，他又向大家点了点头：“儿子当兵去了，一去不回头，媳妇——”

“别说那个！”小马儿的腮撑得像俩小桃，连吃带说地拦阻爷爷。

“说说不要紧！都不是外人！”然后向大家低声的：“孩子心重，甭提多么要强啦！媳妇也走了。我们爷儿俩就吃这辆车，车破，可是我们自己的，就仗着天天不必为车份儿着急。挣多挣少，我们爷儿俩苦混，无法！无法！”

“爷爷，”小马儿把包子吃得差不离了，拉了拉老者的袖子，“咱们还得拉一趟，明儿个早上还没钱买煤呢！都是你，刚才二十子儿拉后门，依着我，就拉，你偏不去！明儿早上没有煤，看你怎样办！”

“有法子，爷爷会去赊五斤煤球。”

“还饶点劈柴？”

“对呀！好小子，吃吧。吃完，咱们该溜达着了！”说着，老者立起来，绕着圈儿向大家说：“劳诸位哥儿们的驾啦！”伸手去拉小马儿，小马儿把未吃完的一个包子整个地塞在口中。

大家有的坐着没动，有的跟出来。祥子头一个跟出来，他要看看那辆车。

一辆极破的车，车板上的漆已经裂了口，车把上已经磨得露出木纹，一只唏哩哗啷响的破灯，车棚子的支棍儿用麻绳儿捆着。小马儿在耳朵帽里找出根洋火，在鞋底儿上划着，用两只小黑手捧着，点着了灯。老者往手心上吐了口唾沫，哎了一声，抄起车把来，“明儿见啦，哥儿们！”

祥子呆呆地立在门外，看着这一老一少和那辆破车。老者一边走还一边说话，语声时高时低；路上的灯光与黑影，时明时暗。祥子听着、看着，心中感到一种向来没有过的难受。在小马儿身上，他似乎看见了自己的过去；在老者身上，似乎看到了自己的将来！他向来没有轻易撒手过一个钱，现在他觉得很痛快，为这一老一少买了十个包子。直到已看不见了他们，他才又进到屋中。大家又说笑起来，他觉得发乱，会了茶钱，又走了出来，把车拉到电影院门外去等候曹先生。

天真冷。空中浮着些灰沙，风似乎是在上面疾走，星星看不甚真，只有那几个大的，在空中微颤。地上并没有风，可是四下里发着寒气，车辙上已有几条冻裂的长缝子，土色灰白，和冰一样凉、一样坚硬。祥子在电影院外立了一会儿，已经觉出冷来，可是不愿再回到茶馆去。他要静静地独自想一想。那一老一少似乎把他的最大希望给打破——老者的车是自己的呀！自从他头一天拉车，他就决定买上自己的车，现在还是为这个志愿整天地苦奔。有了自己的车，他以为，就有了一切。哼，看看那个老头子！

他不肯要虎妞，还不是因为自己有买车的愿望？买上车，省下钱，然后一清二白地娶个老婆。哼，看看小马儿！自己有了儿子，未必不就是那样。

这样一想，对虎妞的要挟，似乎不必反抗了。反正自己跳不出圈儿去，什么样的女人不可以要呢？况且她还许带过几辆车来呢，干吗不享几天现成的福！看透了自己，便无须小看别人，虎妞就是虎妞吧，什么也甭说了！

电影散了，他急忙地把小水筒安好，点着了灯。连小棉袄也脱了，只剩了件小褂，他想飞跑一气，跑忘了一切，摔死也没多大关系！

阅读规划

宋朝著名学者朱熹读书时就十分喜欢在书上做各种记号，初读、再读、三读都用不同颜色的笔圈点勾画，他认为这样能“渐渐向里寻到那精英处”。马克思读书时也常在书上画线，或在书边空白地方画些记号。拉法格在《回忆马克思》中说：“画横线的方法使他能够非常容易地在书中找到所需要的东西，他有这么一种习惯，隔一些时候就要重读一次他的笔记和书中做上记号的地方，来巩固他非常强而且精确的记忆。”

圈点批注法应是我们常用的读书方法之一。

圈点，是指阅读时自己设定一套能代表某方面意义的符号进行圈点勾画。圈点的过程，是读、思、记的过程，可促进理解，增强记忆，便于查检、摘录、温习。

批注，“批”即批语，也指品评，如在文章旁边写上段落、层次大意，或对思想内容、观点见解、表达方式、写作思路、遣词炼句等加以评论，或提出质疑，或进行鉴赏。“注”，就是注释，如对难字生词、文章背景、人物典故、风土人情等加以解释或提示。

1. 阅读《骆驼祥子》前三章，圈点相应内容，完成祥子的“个人简历表”。

姓名	
外号	
年龄	
职业	
主要经历	

2. 第十八章的环境描写非常精彩，请用圈点批注的方法阅读相关语段。

3. 祥子共有三次买车的经历，读完小说，请在文中标注这三次经历，然后做批注，并谈谈你对祥子三次买车的经历有什么感想，然后完成下表。

买车经历	资金来源	结果
第一次	自己拉车所得	买了车，却被士兵抢走
第二次		
第三次		

交流平台

问题一：赵园在《论小说十家》中曾这样评价过祥子：“都市商业竞争的铁律，来自社会各方面的黑暗，决不会放过这个青年农民。小说令人惊心动魄地写出了恶魔般的社会环境怎样残酷地、一点一点地剥掉祥子的农民美德，将他的性格扭曲变形，直到把个‘树’一样执拗的祥子连根拔起，抛到城市流氓无产者的行列中。”

相信同学们读罢《骆驼祥子》，内心也会波澜万千，请以“祥子，我想对你说……”为开头，说说你对他由好变坏的人生际遇的感悟。

问题二：《骆驼祥子》中，老舍用北京话写老北京的人和事，为我们展现了一幅具有浓郁的老北京风情的人物画与世态图。阅读中你一定感受到了其中散发的浓浓的“京味儿”了吧。请选择一个角度，摘抄一些片段，说说文章是如何体现这一特点的。

敬 启

为编好这本书，我们与收入本书的作品（含图片）作者进行了广泛联系，得到了各位作者的大力支持。在此，我们表示衷心的感谢。但是，由于个别作者地址不详，虽经多方努力，仍无法取得联系。敬请各位有著作权的作者尽快与我们联系，以便我们支付稿酬，并致谢忱！

我们还要感谢使用本书的师生们。希望你们在使用本书的过程中，能够及时把意见和建议反馈给我们，对此，我们深表谢意，并将给予一定奖励。让我们携起手来，共同完成本书的建设工作。

联 系 人：梁老师　刘老师

联系电话：010-58022100-6362

联系邮箱：ztxx2008@sina.com

网　　址：http://www.ywztxx.com

地　　址：北京市海淀区知春路7号致真大厦A座18层

图书在版编目（CIP）数据

家国情怀 / 任建欣主编. — 上海：上海教育出版社, 2021.12
ISBN 978-7-5720-0816-0

Ⅰ. ①家… Ⅱ. ①任… Ⅲ. ①阅读课–初中–教学参考资料 Ⅳ. ①G634.333

中国版本图书馆CIP数据核字（2021）第260853号

责任编辑　朱剑茂
封面设计　陈丽娟　王艺霖
著作权人　北京华樾教育科技有限公司

家国情怀

任建欣　主编

出版发行　上海教育出版社有限公司
官　　网　www.seph.com.cn
地　　址　上海市闵行区号景路159弄C座
邮　　编　201101
印　　刷　河北泓景印刷有限公司
开　　本　720×1010　1/16　印张 66
字　　数　900千字
版　　次　2021年12月第1版
印　　次　2021年12月第1次印刷
书　　号　ISBN 978-7-5720-0816-0/G·0632
定　　价　268.00元（全六册）

如发现质量问题，请向本社调换　021-64373213